国家出版基金资助项目

对外工作
——回忆与思考

朱良 ◎ 著

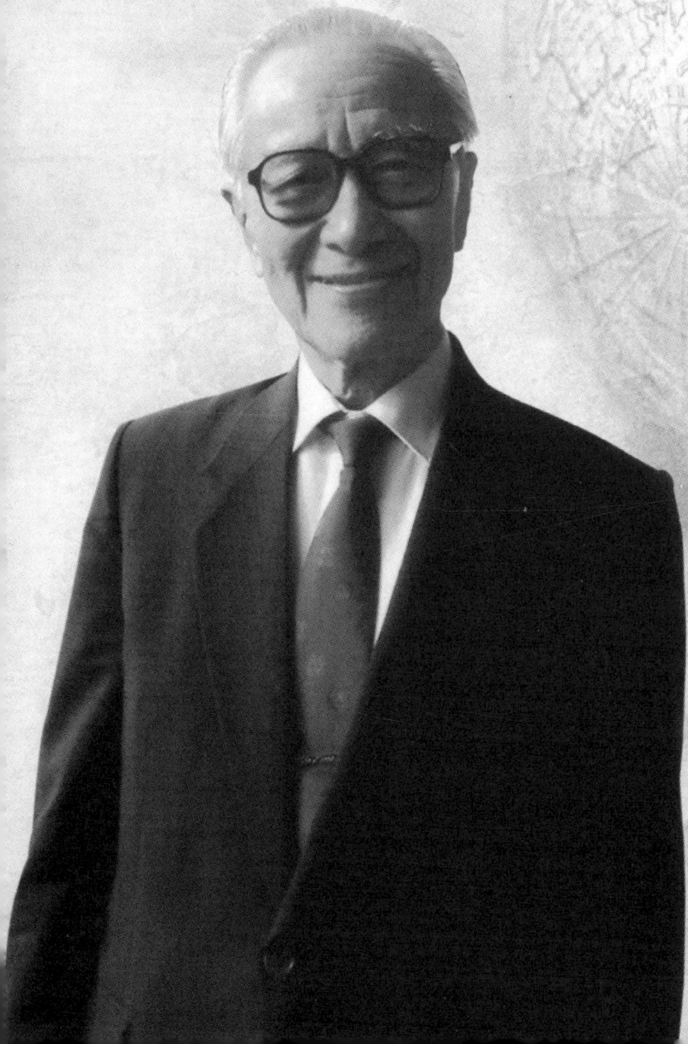

当代世界出版社

图书在版编目（CIP）数据

对外工作回忆与思考 / 朱良著. —北京：当代世界出版社，2012.4
ISBN 978 – 7 – 5090 – 0780 – 8

Ⅰ. ①对… Ⅱ. ①朱… Ⅲ. ①中国共产党—国际关系—研究 Ⅳ. ①D27

中国版本图书馆 CIP 数据核字（2011）第 193816 号

书　　名：	对外工作回忆与思考
出版发行：	当代世界出版社
地　　址：	北京市复兴路 4 号（100860）
网　　址：	http：//www.worldpress.com.cn
编务电话：	（010）83907332
发行电话：	（010）83908409
	（010）83908410（传真）
	（010）83908377
	（010）83908423（邮购）
	（010）83908408
经　　销：	新华书店
印　　刷：	北京九天志诚印刷有限公司
开　　本：	787×1092 毫米　1/16
印　　张：	7.5
字　　数：	210 千字
插　　图：	8 页
版　　次：	2012 年 4 月第 1 版
印　　次：	2012 年 4 月第 1 次
书　　号：	ISBN 978 – 7 – 5090 – 0780 – 8
定　　价：	20.00 元

如发现印装质量问题，请与承印厂联系调换。
版权所有，翻印必究！

1973年廖承志访日团部分成员在富山松村谦三纪念像前。

1986年6月,意大利共产党罗马市委集会欢迎胡耀邦总书记。

1987年1月,加篷总统邦戈会见中共代表团。

1988年6月,日本社会党委员长土井多贺子会见到访的中共友好代表团。

1988年11月,葡萄牙共产党召开第12次代表大会,葡萄牙总书记库尼亚尔会见朱良一行,并宣布两党正式恢复关系。

对外工作回忆与思考

1989年2月,印度总理拉·甘地会见应印国大党邀请访印的中共代表团。

1989年9月,古巴共产党中央第一书记卡斯特罗会见。

1990年3月,纳米亚总统努乔马会见到访的吴学谦副总理和朱良,双方签署建交协议。

1990年5月,陪同巴基斯坦人民党终身主席努·布托夫人一行访华。

1990年7月,日本自民党总裁海部俊树首相会见到访的中共代表团。

1990年10月,意大利天主教民主党领袖、国家总理安德雷奥蒂会见。

1990年11月,阿根廷正义党主席、国家总统梅内姆访华时会见。

1991年10月,斯里兰卡自由党主席、原总理西·班德拉奈克夫人访华。

1991年耿飙老部长在建部40周年时来中联部。

2012年1月去家中看望97岁高龄的王稼祥夫人朱仲丽。

自　序

　　新中国建立前，我在上海参加中共领导的进步学生运动，在美国教会办的圣约翰大学"学习"了五年，因此懂一点英文。1951年调到团中央国际联络部，主要是参加世界民主青年联盟的多边外事活动和国际反对"修正主义"斗争。文化大革命中获得"解放"后，在当时团中央停止外事活动的情况下，1972年调到中共中央对外联络部，继续从事国际青年工作。粉碎"四人帮"后，参加了中联部揭批"四人帮"和拨乱反正的简报工作以及参与起草为老部长王稼祥所谓"三和一少"错误平反的请示报告，参加了1980年中央召开的起草《关于建国以来党的若干历史问题的决议》四千人大讨论，因此查阅过不少外事工作的历史资料。1981年担任中联部副部长特别是1985年底担任部长后，中联部主要是研究党的对外工作战略指导思想的调整，应对国际共产主义运动危机和西方对华制裁两场国际风暴。1993年至1998年担任第八届全国人大常务委员会外事委员会主任委员，开展对外国议会的工作。

　　关于国内工作，1981年中央有《关于建国以来党的若干历史问题的决议》，但是对外工作没有总结过，对外工作又是敏感和保密的领域，留下不少值得思考的问题。为了积累历史资料，便于查找和保存珍贵史料，中联部办公厅对老同志进行访谈，并陆续印发老同志撰写的党的对外工作重要历史阶段的回忆文章，内部印发了《中共对外关系史料》和《中联部老部领导谈党的对外工作》专集。2002年起，团中央国际联络部约我写了一些青年国际活动的史料文章，随后我陆续写了一些可公开发表的回忆思考党的对外工作的文章。这些文章没有描述外事活动的细节，着重反映当时国际形势的背景和对外工作政策，并试图分析党的对外工作指导思想的调整。根据一些老朋友的建议，挑选了其中一部分文章，汇集成这个小册子，对了解、研究党的对外工作的历史，多少可以提供一些线索。

感谢中联部为出版这本书给予的大力支持、当代世界出版社和肖燕同志给予的诸多帮助。

朱 良
2011 年 9 月

目 录

试析指导党的对外工作（1951—1993）战略思想的变化 …… （1）

从1957年莫斯科青年联欢节看团中央外事活动对外交、
　　文化、体育工作的重要作用 …………………………… （16）

1961年青年代表团在厄瓜多尔"坐洋牢"的经历 ………… （24）

无私无畏、追求真理的王稼祥
　　——1962年被扣上"三和一少"修正主义罪名的
　　　　真相 ………………………………………………… （31）

周恩来与1973年廖承志访日团 …………………………… （46）

铁托与华国锋的互访
　　——对改革开放带来启迪的外事活动 ……………… （56）

中国青年代表团第一次访问美国 ………………………… （62）

1984年三千日本青年来华友好联欢
　　——一次成功的有宝贵经验的国际活动 …………… （70）

胡耀邦外交活动的创新
　　——随总书记1986年访问英、德、法、意四国 ……… （77）

试谈耀邦为我国对外政策在新时期的调整 ……………… （88）

国际共运危机和西方对华制裁 …………………………（94）

中日关系六十年（1945—2006）的一些大事 …………（106）

回忆同吴学谦在一起的时光 ………………………………（123）

从三个联合公报看美台军售 ………………………………（130）

试析指导党的对外工作 (1951—1993) 战略思想的变化

2011年是中联部建部60周年，我就1993年3月离开中联部领导岗位前，指导党的对外工作的战略思想的变化，提供一些看法。

中国共产党（以下简称中共）1921年在共产国际帮助下建立后，尽管力量很小，仍按照无产阶级国际主义精神支持东南亚一些共产党革命。1949年11月，刘少奇在亚洲、澳洲工会代表会议上介绍中国革命的经验时指出：武装斗争是许多殖民地、半殖民地民族解放斗争的主要斗争形式。

1951年1月16日，中央任命王稼祥为中央对外联络部部长，刘少奇指示："最重要的任务，是与东方国家兄弟党联络并帮助他们……帮助决定党的路线"。王稼祥很快就在中央统战部二处的基础上组建了中联部。建部后的主要工作有：

（一）同苏联共产党（以下简称苏共）一起或单独为有关周边国家的共产党起草有关武装斗争的纲领、政策或宣言。中国建立了马列学院第一分校和第二分校等学院，帮助培训干部，1960年全部撤销。

（二）同苏联和人民民主国家共产党联络，加强社会主义阵营的团结。

（三）协调我国援助越南抗法和建设的顾问团，做了大量工作。

1953年起调整支持武装革命的政策

　　1953年起我国开始第一个五年计划建设。同年朝鲜停战。1954年4月26日至7月21日的日内瓦会议达成越南南北分治等协议。会议休会间隙，周恩来总理访问了印度和缅甸，中缅、中印发表了和平共处五项原则的联合声明。我有幸以《中国青年报》记者的名义去日内瓦工作，增长了见识。

　　1953年9月，中联部提出建议，指出：中国式农村包围城市的道路在日本行不通。1954年中共、苏共两党建议缅甸共产党（以下简称缅共）、马来西亚共产党（以下简称马共）在条件成熟时，以合法斗争代替武装斗争；1955年12月马共同马来亚当局和平谈判，由于双方力量悬殊，没有达成协议。王稼祥部长在1955年3月中共全国代表会议上发言指出："应当正确地应用马列主义、毛主席关于中国革命理论以及中国革命经验。中国革命的理论与经验对于亚洲各国的兄弟党都是有重要的意义的，但是假如我们把经验教条主义地搬到外国，那是非常危险的。"1956年中共召开八大，56国共产党代表团应邀前来。我曾被部里借调来接待摩洛哥、比利时代表团。

　　1956年2月，苏共召开二十大，苏共中央第一书记赫鲁晓夫在会上做了揭露斯大林"罪行"的秘密报告。赫在大会提出了一些新的理论观点，中央特别重视的是赫提出要改变"把暴力和内战看成社会主义革命的唯一途径"、有可能通过"取得议会中稳定的多数"获得政权。我党后来一再指责这是修正主义的"和平过渡"论。二十大揭露斯大林的"罪行"，在全世界引起了反苏、反共的高潮，我党发表了两篇文章，1956年10月，我党又帮助苏共处理了波兰和匈牙利事件。1957年11月，毛泽东主席在莫斯科提出：国际形势的特点是东风压倒西风，社会主义力量对于帝国主义的力量占了压倒的优势。

中苏大论战起重新强调武装革命

1958年中、苏两党在"共同舰队"和金门打炮等问题上出现严重分歧。1959年中印边境冲突时苏联"不偏不倚"地表示"遗憾",苏联停止提供原子弹样品,赫鲁晓夫访美后访华,双方大吵了一场,中苏分歧加剧。毛泽东主席决定全面批判赫鲁晓夫修正主义。1960年4月,我党发表了《列宁主义万岁》等三篇文章,以南斯拉夫铁托为靶子,全面批判苏共,强调列宁主义没有过时,我们的时代仍是帝国主义和无产阶级革命的时代;要不要革命、要不要反对帝国主义,是马列主义同现代修正主义者的根本分歧;批判了所谓"和平过渡"、"和平共处"和世界大战可以避免等"修正主义"思想。

中苏两党的公开大论战开始了。论战的方式主要是:两党或多党会议(最重要的是1960年11月莫斯科81党会议),双方发表文章、信件、照会,在会议起草小组上的争论。1960年7月,苏联决定撤退1390名在华专家。大论战最重要的反修文章是:1963年9月至1964年7月,中共发表的九篇《评苏共中央的公开信》,系统、全面、点名痛斥赫鲁晓夫修正主义。这就是著名的《九评》。第九评总结了苏联"和平演变"、"复辟资本主义"的经验教训,把毛泽东主席"防修、反修"的论述归纳为15条理论、政策,这成为后来文化大革命时期"无产阶级专政下继续革命理论"的雏形。

大论战的结果是中、苏两党在1966年3月后中断了关系。两国关系不断恶化。中共同将近70个赞成苏共观点甚至主张中苏和解的共产党陆续中断了关系,我们大力宣传古巴革命和阿尔及利亚民族解放战争两面武装斗争的旗帜,重新开始支持东南亚一些共产党的武装斗争,大力支持越南抗美战争,加强对拉美和非洲干部的培训和军训。1963年开始高规格接待一些支持中国观点的共产党代表团，最受欢迎和重视的是新西兰共产党和从老党分裂出来的澳大利亚共产党（马列），还有巴西共产党以及新涌现出的"马列主义"小组织。"支左反修"开始了。

大论战是中央直接领导的。关于中联部究竟起什么作用，我同意张香山副部长在建部40周年时写的文章所概括的："着重了解各国党对中、苏两党争论的意见，并为争论向中央提供材料。在接待来访的外国共产党代表团时，主要是应这些代表团的要求，向他们介绍国际共运的争论情况，并对来中国学习和研究中国革命的一些共产党代表团，在介绍中国革命经验时，着重介绍中国通过武装斗争夺取政权的经验。"此外，还参加一部分翻译方面的工作。

王稼祥部长试图纠"左"被指责为"修正主义"

1961年左右，国内由于大跃进、人民公社化运动失败，经济上情况十分严重，政治上对外多面树敌。王稼祥部长心急如焚，经反复思考，于1962年初同中联部副部长、正副秘书长讨论、口授、起草、修改了近十个文稿。其中有王稼祥部长和刘宁一副部长、伍修权副部长联名上送给周恩来总理、邓小平和陈毅的信。这些文件和材料强调我国对外政策首先要为社会主义建设争取一个长期的和平国际环境服务，主要内容有：

（一）要尽可能争取避免中苏关系公开破裂；

（二）对美帝的斗争要有限度、有分寸，避免把美帝国主义的锋芒全部集中地吸引到中国身上；

（三）为了争取印度人民，要高举印中友好、和平共处五项原则的旗帜；

（四）对外国人民的革命应该积极支持，但必须"实事求是，量力而行"，社会主义国家不能号召别国人民起来革命，不能作为推动别国革命的主力。

试析指导党的对外工作（1951—1993）战略思想的变化

王稼祥部长主持起草的文件中有一份是《关于我国人民团体在国际会议上对某些国际问题的公开提法》，主要精神是：要高举"维护和平"和"团结"的旗帜，避免给人造成中国"反对和平共处"、"好战"、"反对裁军"的错误印象。我当时在世界青联总部工作，也被调回国内参加检查，受到很大教育。

王稼祥部长受毛泽东主席批判的导火索是1962年7月在莫斯科举行的"争取裁军与和平世界大会"，毛泽东主席严厉批评了参加会议的中国代表团的做法。会议后不久举行了中共八届十中全会，毛泽东主席在华东组简报上批了："可看，很好。"简报讲："现在有一股风，叫'三面和一面少'。意思是说我们对美国斗得过分了，对修正主义斗得过分了，对尼赫鲁斗得过分了，要'和'一点。'一少'是指我们对亚、非、拉支持太多了，要'少'一点。"1963年起，毛泽东主席对外国共产党领导人谈话中批评了"三和一少"修正主义错误，点出了王稼祥名；强调"正确的方针就是'三斗一多'，对帝国主义要斗，对修正主义要斗，对各国反动派要斗，要多援助反帝、革命的政党和派别。"王稼祥部长试图纠"左"的尝试失败了，离开了中联部的领导岗位。1974年1月25日含冤去世。

文革时"左"的思想达到顶峰

1966年文化大革命开始。同年8月中共八届十一次会议公报提出"无产阶级国际主义是我国对外政策的最高指导原则"，用当时通用的话说，就是"外交服从革命"。1967年发生了荒谬的"三砸一烧"事件：红卫兵砸了缅甸、印尼、和印度三国大使馆，放火烧了英国驻华代办处。1969年4月党的九大报告引用了列宁的话："帝国主义战争是绝对不可避免的"；提出"战争引起革命"，"革命制止战争"。九大党章上写入打倒帝、修、反。1969年9月中旬开始紧急对苏备战，并开始调整中美关系。1973年毛泽东主席向美国基辛格国务卿提出"要搞一条线，就是纬度。美国、日本、中国、巴基斯坦、伊朗、土耳其、欧洲"团结起来，共同对付苏联。

康生在1966年春接替邓小平领导中联部，文革开始后，他煽动中联部群众重点批判王稼祥"三和一少"的修正主义，以后又上纲为"三降一灭"。他把中联部的工作方针确定为"支左反修"。

康生主管中联部期间，广大干部职工特别是归侨干部受到严重迫害，下放农村五·七干校劳动改造。1968年4月中央决定对中联部实行军管。1971年中央任命耿飚为中联部部长。耿飚大力平反了冤假错案，逐步健全各级机构，1973年申健、冯铉和张香山担任了副部长，以后李一氓和张致祥也先后任副部长。

耿飚部长对康生、"四人帮"的一套有所抵制，拒绝了江青想把中联部主管的外文局出版的《人民画报》变成她宣传自己摄影作品的阵地。耿飚对矛头针对周恩来总理的"批林批孔"运动尽量采取应付办法，引起了江青不满。1974年1月25日，江青一伙召开中直和国家机关"批林批孔"万人动员大会，江青让中联部一名干部上台发言，指责中联部部长领导不力，"批林批孔"死气沉沉，渴望江青能关心和指导中联部的运动；江青鼓掌，喊"好！好！"会后又不断对中联部煽风点火，反对耿飚。耿飚部长承受了十分巨大的压力。

1976年10月6日晚，在粉碎"四人帮"后，华国锋主席立即通知待命的耿飚部长去接管、监控中央人民广播电台和电视台。耿飚控制电台后，又通知张香山副部长、冯铉副部长去电台负责审查稿件和监控广播，还调了中联部部分人员去协助工作，为粉碎"四人帮"做出了贡献。

文革后中央关于对外工作战略思想的调整

粉碎"四人帮"后，中联部工作必须走出"支左反修"的死胡同，这是没有异议的。但是中联部工作必须服从对外战略的全局。以下比较详细地谈谈中央对国际形势的判断和战略思想的变化，从中可以看到中联部工作调整的复杂性。

1979年3月9日，中央批准并下发了中联部《建议为"三和一少"、"三降一灭"问题平反的请示》。请示肯定了王稼祥部长1962年向中央所提重要意见"总的精神是正确的"，批判了康生等人以支持世界革命为幌子，搞四面出击，打倒一切，三斗一多，随意给一些外国党扣上"修党"帽子。

1981年至1982年，中央外事小组会议多次强调"我们不能只反对苏联霸权主义而丢掉反对美国霸权主义的旗帜"。外交上一定要坚持独立自主，不要强调中、美有"战略关系"，"一条线"不要再讲了。

正当中美关于售台武器问题的谈判处于僵局时，1982年3月，苏共总书记勃列日涅夫发表讲话，提出改善苏中关系的建议。邓小平指示：向苏方传达信息，改善关系必须消除三大障碍，苏联必须：

（一）促越南从柬埔寨撤兵；

（二）从阿富汗撤兵；

（三）从苏中边境和蒙古边境撤兵。

1982年9月1日，胡耀邦总书记在中共十二大报告第五部分，以"坚持独立自主的外交政策"为标题，提出"中国决不依附于任何大国或国家集团，决不屈服于任何大国的压力"。后来他又明确地说"独立自主就是不同任何大国结盟"。中共十二大报告还指出："革命决不能输出，它只能是各国人民自己选择的结果，正是基于这样的认识，我们始终坚持和平共处五项原则"。这是中共第一次确认"不输出革命"。

1984年5月，胡耀邦总书记在欢迎西德社会民主党主席、"社会党国际"主席勃兰特时讲："什么是当前最重大的国际问题呢？在我们看来，当今世界上最根本的问题有两个：一个是维护世界和平问题；一个是第三世界国家的发展问题，也就是通常所讲的南北对话和南南合作问题。"这是我党第一次否定了当今时代的根本问题是"战争与革命"的判断。中央后来又概括为"和平与发展是当代世界的主题"。

1985年6月，邓小平同志在中央军委扩大会议上讲话时说：粉碎"四人帮"后，我们对国际形势的判断和我们的政策有两个转变：第一个转变，是改变了"战争不可避免，而且迫在眉睫"的观点。第二个转变是过去"针对苏联霸权主义的威胁，我们搞了'一条线'的战略，就是从日本到欧洲一直到美国这样的'一条线'。现在我们改变了这个战略。"

1985年下半年开始，邓小平同志至少七次通过外国领导人向苏共总书记戈尔巴乔夫捎口信：如果苏联能促使越南从柬埔寨撤军，愿同戈会面。1989年5月，戈尔巴乔夫总书记访华，邓小平同志宣布了两国、两党关系正常化。关于那场中苏大论战，邓小平说"双方讲的都是空话"。

调整党的对外联络工作

1977年华国锋主席邀请南斯拉夫总统铁托于1977年8月底起访华。铁托是反对德国法西斯的英雄，国际不结盟运动的倡导者。南斯拉夫共产主义联盟是1958年第一个被我党指责为现代修正主义，并被中断了党的关系。大论战发表的《九评》的第三评，指责南斯拉夫是"帝国主义走狗，反革命别动队"，"对内复辟资本主义"（发展私人经济、取消计划经济、允许外国投资等）。

铁托访华后，李一氓率团赴南考察，肯定了南是社会主义国家,中南两党恢复了关系,华国锋主席对铁托总统进行了回访并访问了罗马尼亚,引来了从中央到地方派代表团到南、罗访问、考察热潮。

华国锋主席曾多次说过:对非洲民族主义政党、对社会党要做些工作,同"修正主义党"为什么不能接触?中联部改变了中共只能同马列主义政党来往的传统观念。从1977年11月至1980年10月,向中央上送了四个请示,涉及对黑非洲民族主义政党、对社会党(含社会民主党、工党)、对修正主义党做工作等。

从黑非洲开始,同亚、非、拉民族主义政党建立联系。1978年中联部接待了8个黑非洲国家的执政党代表团。1979年12月4日起,吴学谦副部长突破"以苏划线"的框框,率党的工作者代表团在70天内连续访问了10个黑非洲国家。有8个国家的总统会见了代表团,他们都是著名的非洲民族解放运动第一代领导人。当时非洲的大多数国家实行一党制,加强党的联系,有利于国家关系的稳定发展和巩固,迎来了80年代中非友好的高潮。从苏丹社会主义联盟开始,我们同绝大多数西亚包括土耳其、阿拉伯国家的执政党和参政党建立了联系。中联部还加强了和还在进行斗争的南非、纳米比亚民族解放组织的联系,在政治、经济上给予了大力支持。

同东南亚民族主义政党的来往,按请示精神放在稍后进行。1985年12月,钱李仁率团参加印度国大党(英)建党100周年活动。1986年12月,中联部应印共(马)邀请访印又同国大党(英)接触。随后国大党(英)、印共(马)、印共和全印前进同盟派出重要代表团访华,为1988年12月拉·甘地总理成功访华做了重要的舆论和政治准备,促进了印中关系的改善。这是时隔34年后首次印度总理访华。同孟加拉、斯里兰卡、巴基斯坦执政党和主要反对党也建立了联系。

拉美不少国家实行多党制的西方议会制度。1979年3月,申健副部长率团参加墨西哥革命制度党50周年庆祝活动,1980年9月,委内瑞拉执政党基督教社会党总书记访华,接着张致祥副部长进行了回访。经过十年左右时间，差不多南美所有执政党和重要的在野党都同我党建立了良好的关系。对拉美政党工作的特点有：

（一）一般先同执政党来往，再同在野党来往。这样，不管哪个政党上台都有利于两国的友好关系。

（二）重视深交朋友、做人的工作，包括前总统的工作。在访华的外宾中，至少有6人后来当选为总统。

（三）重视做未建交国家政党的工作。我国同玻利维亚、尼加拉瓜、乌拉圭的建交，政党工作都起了促进作用。

同社会党（社会民主党、工党）建立了关系。上世纪70年代，有12个社会党是西欧国家执政党或参政党。发展党的关系，有利于国家关系。1981年2月，应胡耀邦总书记邀请，密特朗率法国社会党代表团访华。回国后三个月，他当选为法国总统。

社会党中最有影响的是西德社会民主党。该党主席、"社会党国际"主席勃兰特在1969年出任西德总理后，大力推行"与西方合作，与东方（苏联与东欧）和解"的新东方政策，主张维护和平、缓和国际局势、裁军，同我们"一条线"战略、战争不可避免的判断有较大分歧。经过双方近两年的来往接触，勃兰特主席率西德社会民主党代表团于1984年5月访华。胡耀邦总书记在欢迎宴会上发表《超越意识形态的差异，谋求相互了解和合作》的讲话，赞扬了勃兰特"多年来为缓和欧洲和世界紧张局势，维护世界和平和推动南北对话进行的不懈努力"。1985年10月，应勃兰特邀请，我率代表团参加了"社会党国际"召开的"第二次裁军与发展会议"，会议由勃兰特主持，代表团接触了奥地利总理西诺瓦茨、瑞典总理帕尔梅和芬兰总理索尔萨等。至1989年，我们同40多个社会党有不同方式的联系。

同"修正主义"党恢复关系的最大困难是双方在"一条线"问题上的分歧，包括对越南、古巴问题的分歧，因为反美侵越和支持古巴革命曾是各国共产党的重要工作。经过一年零三个月的接触、互访，1980年4月，有160多万党员、1000多万选票的意

试析指导党的对外工作（1951—1993）战略思想的变化

大利共产党总书记贝林格访华，接着其他共产党领导人也访华，恢复了党的关系。胡耀邦总书记在同他们会谈中提出了各国共产党相互关系建立在"独立自主、互相尊重、完全平等、互不干涉内部事务基础上"，之后写入了十二大党章。以后又扩大为适合于同其他各类政党的关系。

同社会主义国家共产党恢复关系。 中共同南斯拉夫共产党（以下简称南共）恢复关系后，由于当时战略全局的限制，中联部只同东德和匈牙利两党的国际部进行低层次的接触。1986年9月至1988年5月，波兰、东德、保加利亚、匈牙利、捷克五国党的总书记（有的兼政府主席）应邀访华。1987年赵紫阳代总书记、国务院总理率党政代表团访问了五国。1988年、1989年、1991年先后同古巴、蒙古、老挝、越南共产党恢复了关系。

同罗马尼亚共产党的关系一直比较好。同朝鲜劳动党的关系在1983年到达了一次高峰，6月金正日来访，9月金日成到大连同邓小平、胡耀邦达成了重要的军事协议。

我们调整同东南亚国家共产党的关系经历了很长的复杂、细致的工作。我们采取的每一个步骤都受到有关国家的关注。1990年，印尼和新加坡分别同我国复交或建交。我国同邻国睦邻友好关系得到加强。

加强研究工作。 十一届三中全会后，为了总结经验，开创对外工作新局面，中联部加强了研究工作，还设立过"理论小组"。1982年后曾试图清理中苏大论战问题，写出过一批文章，没有定稿。1983年11月6日，邓小平同志同澳共（马列）主席希尔谈话时说："大论战我们发表了九篇文章，从现在观点看，好多观点是不对的。我们的错误不在个别观点，个别观点谁对谁错很难讲。应该说，我们的许多观点现在看还是对的。我们的真正错误是根据中国自己的经验和实践来判断国际共产主义运动的是非。"

1986年起，各业务局包括离退休同志，撰写了约30份《战后国际共运重大事件》专题资料，为2004年部里出版《国际共运重大事件选编》提供了重要素材，留下了一段重要历史史料。

1987年开始，中联部把中央关切的研究苏联和东欧国家的改革和形势急剧变化的趋势，作为部里的首要工作，明确了调研工作不仅要为对外联络工作服务，而是要为中央服务，努力当好中央的参谋。这是一个需要专门回顾的问题。

1981年4月，中联部成立了中国国际交流协会，1993年成立经联中心，配合了党的对外工作。1985年6月，中联部牵头，成立了由21个团体组成的中国人民争取和平与裁军协会。1986年成立了计算机中心。

政党外交是国家总体外交的一部分，要为打破美国、西方制裁服务

1989年在美国插手很深的"六·四"事件后，美国带头、西方七国首脑会议对中国实施了多年的严厉制裁，企图孤立中国、"以压促变"。西方国家议会和政党（特别是社会党）纷纷通过决议谴责中国，美国带头停止副部长以上官员同中国互访，军事上对我国实施武器禁售，世界银行、亚洲开发银行的贷款都停止了。

中联部首先决定推迟以交流协会名义邀请的美国民主党和共和党代表团七月初访华。

中联部在中央外事小组会议上提出：政党外交是国家总体外交的一个重要组成部分，与政府外交和民间外交相辅相成。党的对外工作不仅是中联部的任务，也是全党的任务。我们请尽量多的省部级以上领导同志出访和接待外宾，充分利用老朋友关系，积极通过政党外交为避免孤立、打破西方制裁服务。当时遇到的紧急问题就是6月20日"社会党国际"要召开18次代表大会。我们获悉大会将通过谴责中国、禁止成员党同中国来往的决议。为此中联部请有关驻外使馆拜会了九个重要的社会党负责人做工作，中联部直接打电话请社会党老朋友帮忙。结果这次大会没有通过专门的反华或约束成员党同中国来往的决议。同年9月底，

日本社会党派代表团来北京参加国庆。12月法国社会党派全国副书记来华了解情况。

1990年9月,应意大利、奥地利社会党邀请,我率团访问了两国。在意大利会见了意大利的社会党领袖、前总理克拉克西和总理安德雷奥蒂(天民党人)。安德雷奥蒂总理1991年访华,是欧共体第一个访华的政府首脑。在奥地利会见了老朋友、社会党议会党团主席费舍尔(现任总统)。他安排会见人民党负责人、内政部长等党政领导。1990年11月,李淑铮副部长应邀参加了西班牙工人社会党第32次代表大会。西班牙在放松对华制裁方面走在西欧前面。

大力加强同发展中国家特别是南亚政党的关系。1989年7月6日,我们邀请访朝的印度国大党总书记阿扎德顺访中国,他成了刚担任总书记的江泽民会见的第一个贵宾。南亚国家一些著名政治家先后应邀访华,如巴基斯坦人民党终身主席努·布托夫人、斯里兰卡自由党班达拉奈克夫人(原总理)、孟加拉民族主义党领导人卡·齐亚夫人(总理)、孟加拉人民联盟主席哈西娜(后任总理)。同尼泊尔大会党、尼共(联合马列)等也建立了联系。当时我党的出访代表团很多,我们虽没有受到新加坡、马来西亚等执政党邀请,但通过"过境"、"逗留"方式,拜访了执政党,建立了联系和来往。

我们在支持巴勒斯坦人民斗争的同时,1990年至1992年邀请了以色列共产党、统一工人党和工党派团访华,为1992年1月中、以两国建交做了舆论和政治准备。1990年3月,吴学谦副总理要我和非洲局许庆善局长随同参加纳米比亚独立和努乔马总统就职典礼,此访主要目的是签署两国建交协议。但一直到吴学谦副总理离境那天,我国驻纳代表处仍未得到纳外交部回音。当即派许庆善局长去飞机场,许在欢送各国政要人群中看见了努乔马总统,大喊了一声"努乔马同志!"努乔马总统立即过去同许庆善局长热烈拥抱,并决定了在机场同吴学谦副总理签署建交协议。

1991年中央政治局常委乔石访问了叙利亚、突尼斯，中央政治局常委李瑞环访问了塞内加尔、布基纳法索、布隆迪、乌干达，中央政治局常委宋平访问了巴基斯坦。这是中联部第一次组织中央政治局常委出访亚非国家。

1992年3月，李淑铮副部长访问了苏联解体后独立的哈萨克斯坦、乌兹别克斯坦、土库曼斯坦和塔吉克斯坦。

老朋友委内瑞拉佩雷斯在重新当选总统后，1989年7月同中国政府签订了互免外交和公务签证的协议。我在1989年11月访问委内瑞拉时，佩雷斯总统说："你们什么时候想来就来。"在访问巴西时，巴西总统、议长、各政党主要领导人都友好地会见我们。1989年11月，老朋友阿根廷临时参议长爱·梅内姆率阿根廷正义党代表团访华，杨尚昆主席会见时，梅不顾西方压力，邀请杨尚昆主席访问阿根廷。有了阿根廷的邀请，推动了其他拉美国家的邀请，促进了我国与拉美国家关系的发展。1990年5月，杨尚昆主席出访了阿根廷等拉美五国，对打破西方制裁起了很好的作用。

1990年4月，交流协会邀请日本自民党国际局局长爱知和男访华，他回国后邀请中联部访日。我于同年7月初率团访日，在会见前首相竹下登、前副首相金丸信、外相、自民党干事长小泽一郎等"三大长"和社会党、公明党、社民联三党党首时，他们都表示应恢复对中国的日元贷款。海部俊树首相在会见时说，他7月10日出席西方七国首脑会议时，将积极主张"不应孤立中国"的立场。随后他在七国首脑会议上宣布将恢复对华第三批日元贷款（8100亿日元）。1991年海部俊树首相访华，成为"六·四"后第一位访华的发达国家政府首脑。日本在发达国家放松制裁中国的问题上开了个好头。

在法国社会党政府准备对台出售大量先进武器时，1991年3月，法国保卫共和联盟（戴高乐党）总书记朱佩（后担任外长、总理）应邀对我国进行了友好访问。

如上所述，中联部把西方对华制裁的"危机"变成"机遇"，把党的对外工作定位为"国家总体外交的重要组成部分"。对外联络工作成为全党的任务。

1993年后,党的对外工作有了新的发展。

(原载《当代世界》2010年第9期)

从1957年莫斯科青年联欢节看团中央外事活动对外交、文化、体育工作的重要作用

现在已是21世纪，当人们打开电视机或收音机，或者在演唱会上、卡拉OK厅，还常常可以听到一首苏联歌曲《莫斯科郊外的晚上》。这首歌是1957年在莫斯科举行的第六届世界青年与学生和平友谊联欢节（以下简称"联欢节"）以后流传到中国来的。

同样，我们还常常可以听到报幕员说："现在请第×届联欢节获奖者表演。"在这些著名艺术家中，有第二届联欢节获奖的歌唱家郭兰英，也有第八届获得四枚金质奖章的舞蹈家陈爱莲。

参加联欢节曾是团中央一项主要对外活动

在新中国成立后的十多年中，每两年举行一次联欢节的工作，曾经是团中央对外工作的主要组成部分。联欢节是世界民主青年联盟（以下简称"世青"）的一项最主要最有影响的活动。1945年第二次世界大战结束后，不但逐步形成了社会主义阵营和资本主义阵营，国际青年学生方面也形成了对立的集团。苏联共青团推动成立并领导了世青和国际学联，它们以社会主义国家和其他国家共产党领导的青年学生为主体，团结了各国一些要求民主、世界和平、要求民族独立的青年学生组织和人士。

联欢节从1947年起，每两年举行一次，基本口号是"和平、友谊"。一般从七月底开始，活动连续十五天左右。参加者逐步增

加到一百多个国家二万多名青年。前五届联欢节分别在捷克、匈牙利、东德、罗马尼亚、波兰举行。它成为团结广大青年,鼓舞各国进步、民主青年,宣传社会主义国家成就的重要活动。联欢节的活动主要包括四个方面:

(一)开幕式和闭幕式。

(二)每天有一个中心活动,例如,和平友谊大会,殖民地国家青年团结集会、营火会、青年工人日、青年农民日、女青年日、大学生联欢节等。另外还有几十个同行业、同专业、共同爱好与兴趣的青年学生会见和讨论会。各国代表团之间还举行双边的联欢,这可以比较深入地相互增进了解与友谊,建立联系。

(三)东道国和各国代表团的专业与业余艺术家进行文艺演出和艺术竞赛。除了在许多大剧院演出外,还在公园、街头搭起临时舞台。

(四)联欢节还进行体育表演和比赛,后来正式成为"世界青年和平友谊运动会"。

被派驻联欢节国际筹委会工作团中央给予的工作指示

我在1951年随团中央书记冯文彬率领的300人代表团,参加了在东柏林举行的第三届联欢节,共连续参加了六届联欢节。

1957年4月底,我受团中央委派,提前三个月到莫斯科参加联欢节国际筹委会的工作。联欢节在莫斯科举行,这本来就有很大的吸引力,但是当时苏联遇到很大的政治困难。1956年发生了匈牙利、波兰事件,美国等西方国家掀起了反苏、反共高潮,青年中思想混乱,在许多国家参加联欢节的动员工作遇到了很大困难。而在联欢节前夕的6月中旬,苏联共产党最高领导层爆发了一场激烈的斗争,马林科夫、卡冈诺维奇、莫洛托夫等中央主席团成员提出解除赫鲁晓夫的中央第一书记职务,结果被作为"反党集团"贬斥了。事情发生后的第三天,苏联共青团中央书记就向我通报了这次党内斗争的情况,我立即通过大使馆报告了国内;他还要我报告国内,说法国、芬兰等国参加联欢节的人数可能超过两千人,希望中国派出人数更多的代表团来莫斯科,以表示"中苏牢不可破的团结";同时提出,这次联欢节的政治情况很复杂,要求中国代表团配合并帮助苏联方面共同搞好联欢节的工作。

我后来听驻苏联使馆的同志们告诉我,毛泽东主席和中央已表示支持赫鲁晓夫。国内指示我在联欢节国际筹委会的工作中要警惕任何挑拨中苏关系的行动;估计苏联方面会特别尊重我国,我们更需要谦虚谨慎,注意同苏联取得一致行动,在某些苏联同志不方便出面而我们应当而且可以出面的场合,要帮助他们解决困难。团中央还要我注意了解各国代表团特别是美国代表团的组成情况,以便联欢节后邀请访华。关于文艺和体育比赛,国内指示我不要去向外国人争奖,不应当有锦标主义思想和依靠我国政治地位得奖的思想;相反,联欢节中各项奖励应当照顾非社会主义国家的青年艺术家,以有利于团结他们回国后为世界和平与各国青年友谊而斗争。

中国青年代表团 1222 人参加联欢节

中央国际活动指导委员会多次讨论了团中央参加联欢节的问题,明确了代表团的任务是通过各种活动做到巩固中国同苏联的团结和社会主义国家的团结,支持民族主义国家和殖民地被压迫民族的青年,并和来自资本主义国家的青年建立广泛的友谊。关于参加联欢节代表团的人数,决定直接由国内派出七百多人,再加上在苏联和东欧各社会主义国家的留学生(其中有些是学艺术的)共 1222 人。代表团团长为团中央第一书记胡耀邦。国内直接派出的七百多人由三部分组成:

(一)青年代表团 142 人,这次代表团的组成比以前几届更广泛、更有代表性。除了青年团干部、工农业劳动模范和学生外，各民主党派、宗教界、工商界、归国华侨等青年代表都有所增加。

（二）艺术团 417 人。1957 年上半年，我国刚举行过几次全国性文艺会演，选拔出了一大批青年演员和优秀的节目，包括音乐、歌舞、京剧和其他剧种、杂技等，有 12 个民族的一百多个节目，其中有一些除在联欢节演出外还参加联欢节的艺术竞赛。

这次艺术团的一个特点是，包括了很多剧种的、拥有广大观众的最著名的艺术家。例如粤剧演员红线女，京剧演员杜近芳、关肃霜，曲剧、大鼓演员魏喜奎，杂技演员夏菊花等。

1957 年夏，如果不是国内正在进行急风暴雨般的反右派斗争，青年代表团和艺术团的组成还将更广泛。

（三）体育队 173 人。成员主要是原来准备参加 1956 年 11 月在澳大利亚墨尔本举行的国际奥林匹克运动会的队伍。这里顺便讲一个情况，就是从 1949 年到 1952 年下半年体委成立前，我国的体育工作是由团中央兼管的。1951 年团中央成立了军事体育部。1952 年 7 月在芬兰召开第 15 届国际奥林匹克运动会时，团中央书记处书记兼体育总会副会长荣高棠、军事体育部部长黄中、国际联络部副部长吴学谦曾率体育队去参加，因为晚到，运动员队伍只有吴传玉赶上了参加游泳预赛（被淘汰）。1956 年 11 月在澳大利亚墨尔本第 16 届奥运会时，由于国际奥委会少数领导人搞"两个中国"，台湾抢先进入奥运村，我国决定不参加这次奥运会。从此一直到 20 世纪的 80 年代，我国才开始全面参加奥运会比赛。

中国参加联欢节的概况
在艺术竞赛和体育比赛中的成绩

莫斯科联欢节是历届联欢节中参加国家和人数以及规模最大的一次，共有 131 个国家 34000 名各国青年欢聚在一起。苏联人民和青年为这次联欢节做了巨大的努力，外国客人无论走到那里，都受到青年、儿童和老人的热情欢迎，莫斯科成了一座欢笑的、到处是鲜花的友谊之城。在新建成的列宁中央运动场举行联欢节开幕式的那天，二百万莫斯科人聚集在各国青年代表团经过的路上夹道欢迎，欢呼"和平与友谊"的口号。苏方给了中国代表团特别盛大、热烈地欢迎和很高的待遇，举一个小例子，中国代表团的餐厅，专门准备了从中国进口的酱油、芝麻酱、榨菜和香蕉、招柑，甚至苏联重要的出口换汇的食品鱼子酱和罐头螃蟹也敞开供应。

青年代表团在联欢节期间进行了紧张的活动，除了参加联欢节的重大活动外，还参加了37个地区性活动、同行业青年、同学科学生、同爱好与同兴趣青年的会见，还单独同80多个国家的代表团5千多人进行了67次双边联欢，每次联欢都有文艺演出。通过以上这些方式接触了近一万名各国青年。这不包括中国青年代表团参观苏联的工厂、农庄、学校、文化与研究机关时同苏联朋友的交流。在这些接触中，相互诉说了对和平与友谊的愿望，交流了对青年共同关心问题的看法；我们介绍了新中国建设的成就，回答了对中国政策的疑问，并对亚洲、非洲、拉丁美洲的青年代表表示了对他们维护民族独立和反对殖民主义斗争的支持。

中国青年艺术团演出了69场，节目丰富多彩，观众约23万多人，受到了热烈的欢迎。同时中国青年艺术家也利用机会，观摩了苏联和其他国家艺术家的精彩演出。

在有两千名青年艺术家参加的艺术竞赛中，我们参加了21项竞赛中的16项比赛，光金奖就获得27枚，包括郭淑珍（"古典歌曲"奖），红线女和杜近芳（东方古典舞蹈奖），杜近芳还获"哑剧"奖（京剧"拾玉镯"）。获金质奖的还有关肃霜（"东方古典舞蹈"奖，演出京剧"打焦赞"），魏喜奎、马玉涛等四人（"民间歌曲"奖）、顾圣婴（"钢琴"奖）、夏菊花等四人（三个"杂技"奖），还有孔雀舞、花鼓舞、龙舞等三个"民间舞蹈"奖，潮洲乐队、广播民乐队等七个乐队和个人获"民间乐器"奖，和"业余合唱"奖。

在有 46 个国家 4000 多名运动员参加的第三届世界青年和平、友谊运动会上,我们参加了九个项目的比赛,获得了 17 个奖章,48 个奖状。陈镜开获得最轻量级举重冠军,黄强辉为轻量级举重第二名,获得第二名的还有林锦珠 100 米自由泳,戚烈云 200 米蛙泳。郑凤荣获得女子跳高第 4 名。取得这样的成绩反映了我国当时竞技运动的最高水平,虽然和现在比,获奖的项目、奖牌不多,但是已使万众欢腾高兴。

在联欢节集邮展、工艺品和美术品展览、摄影展览、作曲比赛中我们都有获奖。

联欢节后 42 名美国青年不顾政府阻挠访华

中国青年代表团参加这次联欢节达到了预定的目标,同全世界一百多个国家的青年进行了友好的接触和联系,表达了对各国青年正义斗争的支持,增进了他们对新中国和中国青年的了解。联欢节的文艺和体育比赛取得的成就,鼓舞并促进了国内文化、体育运动的发展。1957 年同我国有外交关系的国家还不到 30 个(其中包括 12 个社会主义国家),美国等西方国家对新中国实行封锁和制裁的政策,我国对外的民间来往刚开始不久,我国对外文化交流更少,也不能参加国际奥林匹克运动会。在这样的情况下,莫斯科联欢节为我国民间外交、为文艺和体育走向世界提供了很好的舞台。

这次联欢节前后,有 30 多个国家的 900 多名亚洲、非洲、拉丁美洲、欧美的青年学生应邀或过境中国进行参观访问。特别引人注目的是有 42 名美国青年不顾美国国务院阻挠,在 8 月 23 日至 9 月 7 日来华访问。代表团团长是美国圣公会牧师华伦·麦肯纳。

中央特别是周恩来总理很重视这次访问。团中央成立了接待小组,由书记处书记刘西元负责。我和谢邦定两人担任全程主要陪同。中央指示，要根据代表团的特点，切实贯彻"求同存异，实事求是"的方针，对他们的要求尽量满足，例如参观了监狱，还会见了六个在押美国间谍犯中的一个。中央还要我们说服美国青年代表团中的进步分子注意团结中间与后进甚至背景复杂的人。

邀请这么多美国青年（愿意来的都欢迎）和整个接待工作都是紧密配合当时同美国的外交斗争的。1955年8月1日，中美双方开始了长达15年的大使级会谈，会谈的焦点是美国应放弃侵略和干涉我解放台湾，搞"两个中国"。双方也提出了一些建议，例如1956年10月，中方提出促进人民来往和文化交流的协议草案，美国没有接受。我们邀请42名美国青年来华访问，就向全世界表明了中国政府是积极支持人民之间来往的，美国则相反。

同年9月7日，周恩来总理同代表团进行了长时间坦率友好的谈话。周恩来赞扬代表团是"打开两国人民来往的先锋"。代表团一个成员要周总理评论"美国国务院说美国青年代表团同中国青年接触，这件事本身就是违反美国最大利益"的谬论。一位兼职新闻记者问："24个美国记者是否被允许进入中国"？周恩来耐心说明了"去年中国政府批准了很多美国记者来中国，但是美国政府不仅不让中国记者去美国，而且美国记者也不被允许来中国"。

就在美国青年代表团访华后，1957年9月，中方在中美大使级会谈中提出两国在平等互惠基础上准许记者相互采访的协议草案，遭到美方拒绝。

另一位美国青年提出："今天有机会访问了在中国的一个美国犯人。如果中美两国正常关系建立以后，对这些美犯的地位会有什么改变？"周恩来总理回答说："请你们转达他家属和其他五位的家属，如果他们愿意到中国来探望亲人，中国政府愿意接待。中国人民也同样关心中国在美国的侨民，特别是在美国留学的五千名学生，他们很难同家属通信，更得不到机会回来看望家属，他们也很难得到机会回到祖国来工作。中国在美国的30名犯人，绝大多数都还在美国监狱里"。周总理强调中美关系的改善，不应拿这个问题作为先决条件。

还有人问，中国"为什么不在台湾问题上声明不使用武力"？周总理说："台湾是中国的，中国要怎样解放台湾，是中国人民的主权。你可以想一想，假使有一个国家拿武力占据了火奴鲁鲁，并向美国朋友说，你收复火奴鲁鲁不许使用武力，美国人会怎么感觉呢？"

代表团还提出其他有关中国内政、外交的问题。在会见最后双方互致结束语时，代表团三次热烈鼓掌。

从参加莫斯科联欢节的活动包括对访华代表团的接待，可以看到：团中央的国际活动是整个国家对外工作的重要组成部分，在有些方面的作用超越了青年工作的范畴，对整个国家的文艺、体育事业的发展与对外交流，也起了重要的促进作用。也可以看到，通过参加联欢节等世青主办的活动，中国青年组织扩大了同世界青年组织的联系，中国青年运动也获得了国际社会的广泛支持和帮助，对打破西方国家对新中国的封锁起了一定的作用。

（原载《如歌岁月—青年外事工作回忆录》2005年出版）

1961年青年代表团
在厄瓜多尔"坐洋牢"的经历

　　新中国成立后，工会、妇联、青年团、和大、外交学会等团体的民间友好活动一直是我国对外工作的一个重要组成部分。1961年同我国有外交关系、半外交关系的国家只有40个，其中社会主义国家就占了14个。一大片拉丁美洲国家到60年代初只有古巴一个国家同我国建交。民间的友好来往不仅可以配合已建交国家的外交工作或外交斗争，还可以同没有建交的国家的民间组织、政党等各界人士来往，以增进人民之间的相互了解和友谊，扩大新中国的影响。这是政府外交所无法代替的。

　　民间的外事工作同政府的外交活动一样，是充满斗争的。外事活动不仅要维护国家的利益，还要消除外国朋友对中国的误解，增加他们对中国的了解和友谊；既要讲究谈话（会谈、谈判）的原则性、坚定性，又要注意艺术性和针对性。既要驳斥对我们的污蔑、攻击，又要尽可能赢得更多的同情和朋友。甚至还会遇到各种危险甚至生命威胁。1955年万隆亚非会议前，台湾特务在香港用定时炸弹炸毁我代表团包用的印度航空公司飞机，使11名新闻记者和工作人员不幸遇难。2000年美国飞机轰炸我驻南斯拉夫大使馆，使3名新闻记者牺牲。我们一些援外的专家、医务人员也在国外付出了宝贵生命。

青年代表团在访问智利、古巴后去厄瓜多尔

1961年4月,当时我在布达佩斯的世界民主青年联盟总部工作,团中央通知我陪同团中央书记王照华等同志到智利首都圣地亚哥参加4月15日到19日的世界民主青年联盟执行委员会会议。选择智利作为开会的地点,是因为1959年1月,古巴推翻了美国支持的巴蒂斯塔独裁统治,菲德尔·卡斯特罗对外反对美帝国主义,维护民族独立,对内实行一系列重大的社会改革。拉丁美洲这个美国的"后院"受到了很大的震动,人民的反美情绪正逐步高涨。

团中央决定利用代表团已经到达拉丁美洲,申请签证比较方便的有利条件,在参加智利的世界民主青年联盟执行委员会后,进一步开辟同拉美国家的来往。厄瓜多尔共产党领导的革命青年联盟在国内有一定影响,愿邀请我青年代表团去访问。厄瓜多尔总统贝拉斯科,在拉美国家政府中算是比较温和的,他标榜不干涉古巴,主张同社会主义国家来往。因此我国决定派青年代表团去厄瓜多尔访问。

在圣地亚哥举行世界民主青年联盟执委会期间,我和李淑铮、朱善卿三人向厄瓜多尔驻智利大使馆申请了访问厄瓜多尔的入境签证,很快就顺利地拿到了大使馆签发的"礼仪签证"。

就在举行执委会期间,发生了美国雇佣军一千多人在美国飞机、舰艇掩护下,在古巴登陆企图推翻古巴政权,结果在吉隆滩被全歼的事件。这对美国是一个很大的打击。古巴朋友邀请我们和其他外国青年代表团去古巴参加"古巴青年周"活动。因此在访问厄瓜多尔前我们先去了古巴。卡斯特罗会见了外国青年代表团。同年5月1日,卡斯特罗宣布古巴是社会主义国家。这更引起了美国的仇恨和恐慌。

5月12日,我和李淑铮、朱善卿从古巴抵达厄瓜多尔最大的

城市瓜亚基尔市。代表团抵达厄瓜多尔后，我们才知道厄瓜多尔国内政治斗争很激烈、紧张的情况。古巴打败美国雇佣军的辉煌胜利，进一步促进了厄瓜多尔以及其他拉丁美洲国家人民反美、爱国、民主的斗争，而统治当局则加强了对进步力量的打击。青年代表团抵达厄瓜多尔的前夕，作为东道主的革命青年联盟就有20多个领导骨干被捕，我们当时不知道发生了这个情况。这使代表团在一开始就处于十分不利地位。

厄瓜多尔有关当局非法、无理关押代表团达五天

中国青年代表团抵达厄瓜多尔后，按照厄方的法令，到移民局办理了一切应办的手续。厄瓜多尔国内的反动报纸对我国代表团大肆进行攻击。美国联邦调查局特务在旅馆里对我们严密监视。瓜亚斯省警察厅长公然在大街上拦路盘问。内政部的移民局是厄瓜多尔最亲美最反动的势力之一，在代表团访问了三天后，就不顾国际法准则，采取了粗暴、无理的极端行动。

1961年5月15日傍晚，移民局副局长请代表团去谈话。他无理指责代表团未向移民局报告离开厄瓜多尔的日期与路线，甚至叫来警察，威胁要当场逮捕代表团。我们进行了严正的驳斥，指出这位副局长曾同代表团见过三次面，但从来没有提出过要代表团报告回国的时间和走什么路线。正是这位副局长本人还在我们三个人的护照上签了字，证明手续均已办妥，对代表团居留厄瓜多尔的日期也没有作限制，怎么现在却反诬蔑代表团没有遵守规定呢？移民局副局长无话对答，只好改口说，代表团必须在第二天向他报告离开厄瓜多尔的日期和出示飞机票。代表团刚回旅馆不到两小时，大批警察就包围了旅馆。瓜亚基尔市警察局长亲自来"请"我们去警察局"办理登记手续"。我们责问他："中国青年代表团不是早已向移民局办理了一切应办的手续了吗？还有什么'登记手续'必须到警察局'办理'呢？"这个市警察局长一

看欺骗不成，就威胁说："非去办手续不可，五分钟就可办完"。到了警察局，他拿出了一份移民局的所谓"逮捕令"，上面写道"把他们拘留起来，直到问题解决为止"。到底什么问题没有解决，这位警察局长根本说不出来。就这样我们三人被强行关进了监狱，前后共达五天之久。

我们被关押的监狱是一间4平方米的房子，石头地板，有两条石头凳子，没有床和被褥。一间1平方米的小厕所。地处赤道的厄瓜多尔，五月的夜晚还是比较凉的。

争取狱警与警官，抗议厄移民局的迫害

一进监狱，我们三个人马上开了一个党小组会议，大家一致决定，不论遇到什么情况，不能做任何不利于党、不利于国家的事，不能泄露任何机密，要保持共产党员的气节（这一点，在解放前搞地下学生运动时，党组织是一直强调的）。我们立即清理了随身带的笔记本，只保留东道主革命青年联盟的电话号码和地址，其它记录、笔记都销毁了。我们曾担心把我们三个人分开关押，相互失去联系，就要"各自为战"了。后来没有发生这样的情况。

我们考虑首先要做的事，是同东道主取得联系，告诉他们我们被关在什么地方，请他们向政府当局交涉释放我们。为此首先要做好看管我们的狱警的争取工作。我们向他们介绍了新中国的情况，说明这次是得到厄瓜多尔政府的"礼仪签证"来友好访问的。关押我们是完全没有道理的。我们做通了狱警的思想后，他们同意向东道主革命青年联盟转达消息。东道主随即给代表团送来了被褥、药品和饭菜，并且为代表团聘请了律师。我们还通过狱警买了纸、笔、复写纸、信封等，也买了当地的报纸。

我们在争取到看管我们的狱警的同情后，一些中、下级警官也陆续来看望我们，同我们聊天。在被捕的五天中，我们每天要"接待"大量的警察和警官，对他们作了许多友好工作，包括经济

上给一点报酬。他们几乎都对新中国表示友好，为移民局的无理迫害而表示歉意。我们向移民局发出了两次抗议书，向贝拉斯科总统发了信，对移民局的迫害表示抗议，还发出了告厄瓜多尔各界人士书。这些都通过那些友好的警官转递，同时又把抗议书等副本托人带出监狱，转发各通讯社和报社。

在这些抗议书中，我们指出美国同这次阴谋迫害的关系，要求立即撤销非法逮捕令，恢复我们的人身自由，并向代表团道歉。还对移民局非法搜查我们留在旅馆的行李提出抗议。申明厄瓜多尔移民局应当承担这次事件的一切后果。我们斗争的矛头主要针对移民局，但提出总统也负有责任。向厄各界人士揭露事实真相，强调中国对厄瓜多尔人民的友谊。

同厄瓜多尔移民局的阴谋作斗争

（一）移民局在发出逮捕令后，通过报纸诬蔑中国青年代表团"干涉厄内政"、"不遵守规定"、"同左翼分子联系企图进行共产主义倾向的活动"，特别是造谣说，代表团从古巴来，是来"执行哈瓦那的使命的"等等。但是，由于代表团一入境就注意按照厄方规定迅速办完了一切手续，代表团在厄的活动又都属一般友好性质，因此移民局始终找不到任何岔子，提不出任何逮捕代表团的确切理由和事实根据。我们多次要求同移民局副局长、警察局长等有关负责人面谈，他们一直不敢出面来见，更不敢进行公开"审问"。

（二）移民局造谣说"代表团带有强电力发报机，每晚向古巴与苏联集团发报"，接着非法地搜查代表团留在旅馆的行李，搜走了几套西班牙文的毛泽东主席著作和古巴朋友赠送的小礼品，包括几枝雪茄烟。事后除个别报纸报道"搜到了马克思主义书籍"外，其他反动报纸都否认移民局曾经进行过搜查，甚至移民局后来在代表团上飞机交还被非法拿走的物品时，还作贼心虚，否认

1961年青年代表团在厄瓜多尔"坐洋牢"的经历

搜查过,狡辩说物品是从旅馆拿来的,要求我们写个收据。代表团表示了强烈抗议,拒绝了移民局的荒谬要求。

关于非法搜查行李问题,还有一个插曲:移民局在去旅馆搜查前曾要求东道主为我们请来的律师到场。我们经同律师商量后,认为如果移民局准备搞阴谋,因而在搜查前就在行李中放进假证物,那么律师如果在场反而对我们不利;为保留抗议的权利,决定律师拒绝出场。

(三)厄瓜多尔移民局曾想把代表团送到更亲美和亲台湾的秘鲁。代表团在被捕的第三天,移民局曾逼迫代表团立即离开厄瓜多尔,乘美国航空公司或秘鲁航空公司的班机去秘鲁,阴谋阻挠代表团回国。代表团坚决反对。我们为了安全起见,宁愿多留在厄瓜多尔两天。按原定计划,乘每周一次的荷兰航空公司班机经巴拿马、瑞士回国。因此请律师转告移民局:移民局应立即恢复代表团的自由,至于代表团回国日期与路线,移民局无权干涉。为此,代表团在厄多坐了两天监狱。

青年代表团终于顺利回国

1961年5月20日,代表团离开厄瓜多尔回国。厄瓜多尔移民局原定代表团在飞机起飞前两小时出狱。我们也准备在候机室同群众和新闻记者接触,发表声明,揭露事实真相(事先我们也做了另一手准备,把抗议书和给厄瓜多尔各界人士的声明托人带出监狱,转发各通讯社和报社)。后来移民局大概是害怕代表团接触群众,改变主意,用警备车把代表团从监狱直接送到机场跑道登上飞机。我们在登机前,向站在远处来欢送代表团的厄瓜多尔朋友高喊口号,也算是对移民局的示威。

一点教训

1961年5月，厄瓜多尔有关当局这次非法、无理逮捕代表团事件的发生不是偶然的。拉丁美洲是美国的"后院"，台湾当局对一些拉美国家也有不同程度的影响。当时我国除古巴外，在其他国家都没有使、领馆。在美国和一些拉美国家的统治者眼中，当时的哈瓦那就像十月革命后的莫斯科一样可怕，他们对古巴革命和新中国影响的扩大很感恐惧，对去过古巴的人也视若洪水猛兽。就在厄瓜多尔移民局逮捕中国青年代表团的差不多同时间，还发生乌拉圭当局企图驱逐中国工会代表团和美国特务企图绑架我外交信使的事件。

过了将近20年后，1980年1月，中厄两国终于建立了外交关系。现在中厄关系发展正常。

我们积极开展民间友好活动的方针是正确的。但事后来看，这次出访厄瓜多尔也有一些教训。主要是对当时拉丁美洲形势的急剧变化和复杂情况掌握不够；出访的时机不好，正值美国在拉美制造反古巴、反社会主义国家高潮和厄瓜多尔国内镇压进步力量的时候，东道主革命青年联盟由于积极支持古巴革命而成为美国和厄瓜多尔反动派攻击的首要目标之一，接待我们的东道主因而也组织不起有声势的营救代表团的工作。以后我们在类似情况下开展对外交往时都特别注意吸取这一教训。

（原载《中国青年外事》2002年第1期）

无私无畏、追求真理的王稼祥

——1962年被扣上"三和一少"修正主义罪名的真相

2006年8月15日是伟大的马克思主义者、无私无畏的无产阶级革命家、外交家王稼祥同志诞辰100周年。

在新中国成立前的战争年代,王稼祥除了在军事工作和党的工作方面做出重要贡献外,还有几件功不可没的大事载入了党的史册。

1935年在红军长征途中,王稼祥为促成在遵义召开政治局扩大会议,支持毛泽东对中央的领导,发挥了重大的作用。毛泽东后来多次说,王稼祥"投了关键的一票"。

抗日战争初期,王明借着共产国际的名义,想攫取中央的主要领导权,并推行"一切服从统一战线"的投降主义,给党中央造成很大困难。1938年7月底,王稼祥从莫斯科回到延安,传达了共产国际及其领导人季米特洛夫的重要意见:"共产国际认为中共的政治路线是正确的,中共在复杂的环境及困难条件下,真正运用了马列主义","在领导机关中要在毛泽东为首的领导下解决",从而巩固了毛泽东在中央的领导地位。

1943年7月,王稼祥抱病写了《中国共产党与中国民族解放的道路》一文,初步论述了毛泽东思想。他是我们党正式提出"毛泽东思想"这一重要概念的第一人。

1949年10月5日,王稼祥被任命为中华人民共和国驻苏联大使,同年10月19日被任命为外交部副部长。从1951年起,王稼祥担任了十余年中联部部长。

在长期的外事工作中,王稼祥部长无私无畏,坚持真理,实事求是。他孜孜好学,重视调查研究,勤奋思考问题,高度对党对革命负责,对重大问题敢于提出自己的意见。

中国革命胜利后我们曾认为中国革命的经验,特别是农村包围城市搞武装斗争的经验,有普遍的国际意义。王稼祥总结了我们在政治上帮助有些国家共产党的经验教训,在1955年3月中共全国代表会议上,他大胆地提出:"应当正确地应用马列主义、毛主席关于中国革命的理论以及中国革命的经验。中国革命的理论与经验,对于亚洲各国兄弟党都是有重要的意义的,但是假如我们教条主义地搬到外国,那是非常危险的。"他接着语重心长地说:"我过去是犯过教条主义的路线错误的人,更应警惕,不要再把错误犯到国外去了"。

1962年,王稼祥为了纠正对外工作中的"左",勇敢地提出对外政策的战略和策略意见,因此被扣上了"三和一少"的修正主义罪名,并遭受批判。特别在文化大革命期间,王稼祥受到几年的持续批判、斗争、折磨。1974年1月含冤逝世。

"反帝反修"、四面出击的外交政策占主导地位

为了理解王稼祥提出的外交政策和策略,我们简要地回顾一下当时的情况:

1957年中苏友好关系达到顶峰,但中苏意识形态分歧1956年已经开始。 1956年1月苏共举行二十大,苏共中央第一书记赫鲁晓夫做了秘密报告,把斯大林描绘成独裁者和暴君,并提出了未执政的共产党有可能不通过暴力革命而通过议会多数取得政权的"和平过渡"理论。世界上出现反苏、反共的高潮,不久又爆发了波兰事件和匈牙利事件。苏共的处境非常困难。我党通过内部会谈和发表两篇正面阐述的文章,分析、批判了上面两个问题,还批评了苏共对波兰、匈牙利的大国主义错误,帮助苏共渡过了困难,并稳定了波兰和匈牙利的局势。特别是我党公开支持了

1957年6月赫鲁晓夫挫败在苏共中央主席团占多数的马林科夫、莫洛托夫等人要解除赫鲁晓夫的中央第一书记职务的斗争，赫鲁晓夫对我党非常感激，这才有1957年10月苏联同中国签订向中国提供原子弹教学模型和图纸资料以及供应中国导弹样品和技术资料的《协定》。

1957年11月在莫斯科举行世界共产党代表会议。会议前夕，苏联先于美国成功发射了人造卫星。毛泽东主席除了两次讲话外，即席做了内容很广泛的长篇发言。他在会上宣称：国际形势的特点是东风压倒西风，也就是说，社会主义的力量对于帝国主义的力量占了压倒的优势；他还说：赫鲁晓夫告诉我们15年后苏联可以超过美国，我也可以讲15年后我们可能赶上或超过英国。……归根到底我们要争取15年和平，那时我们就将无敌于天下，没有人敢同我们打了。

1958年大跃进、人民公社化、对外政策都"左"，同年下半年中苏关系开始恶化，中美关系紧张。1958年起，毛泽东主席进一步批判了右倾"反冒进"，提出了总路线，搞大跃进、人民公社化运动。最能反映当时对国内经济的盲目乐观和对外政策战略、策略思想的是，1958年9月5日和8日毛泽东主席在第十五次最高国务会议上的讲话（《建国以来毛泽东文稿》第七卷）。毛泽东主席讲到，中国的钢铁产量已经不需要15年赶上英国，两年就基本上可以赶上；5年可以接近美国；再加上两年，搞一亿五千万吨，超过美国，变成天下第一。粮食生产，1958年比1957年翻一番，可能是七千亿到八千亿斤；1959年再翻一番，就可能是一万五千亿斤。1958年8月北戴河会议《关于在农村建立人民公社问题的决议》更提出："共产主义在我国的实现已经不是什么遥远将来的事情了。"关于究竟有多"遥远"？原来提交会议的一个文件写的是"1967年以前"，毛泽东主席改得活了一点，改成"1967年或1972年以前。"

当时王稼祥头脑是清醒的。他熟悉苏联的《联共党史简明教程》谈到过苏联曾经试办过农业公社，结果犯了"左"的错误，斯大林不得不进行纠正。王稼祥要我驻苏联使馆广泛收集有关苏联搞农业公社的材料，选编成了《论苏联农业公社》，印发给中央同志和有关部门。他还向中央领导同志当面谈了我们人民公社办得过早了的意见，但在当时党内民主已经受到严重损害的情况下，当然不可能被接受。

对国内形势的过分乐观必然导致对外政策的调整甚至根本改变。1958年8月23日，在联合国通过决议要美国军队撤出黎巴嫩的第二天我国开始了炮轰金门。头一天三万发，以后时断时续。美国以为中国要打台湾，十三艘航空母舰有六艘调来远东。国际形势突然紧张。苏联作为中国的盟国也很紧张，在了解到我国并不准备解放台湾后，赫鲁晓夫写信给美国总统，说中国一旦遭到侵略时准备随时援助它，侵犯中国也是对苏联的侵犯。

在1958年9月的最高国务会议讲话中，毛泽东主席提出了要对美国采取"绞索政策"，"把美国人的颈吊在我们中国人铁的绞索上面"，并且提出了八个观察国际形势的观点，要点是：

（一）谁怕谁多一点？是美国怕我们多一点。

（二）不要把美帝国主义他们结成军事团体看得那么严重。它们是侵略性的，但是并不巩固。现在它们是向亚、非、拉那些弱的进攻。

（三）可以公开告诉世界人民，紧张局势对于西方国家不利，对美国不利。紧张局势对于全世界爱好和平的人民、政府，我看都有利。我们可以调动一切积极因素。

（四）美、英侵略军赖在中东不走，起了动员全世界人民起来反对美国侵略者的作用。黎巴嫩也是美国自己造的一条绞索，绞索的一端，丢到阿拉伯人民手里。

（五）戴高乐（法国）登台，对内对外也有好处。

（六）资本主义国家对我们禁运，对我们的利益极大，我们自己搞大跃进，搞掉了依赖性。

（七）帝国主义国家不承认我们，比承认我们是要有利一些。

（八）准备反侵略的战争。第一我们不要打，而且反对打，第二我们不怕打,横下一条心,要打就打,打了再建设。帝国主义一定要打,死了一半人也没有什么可怕,这是极而言之。

毛泽东主席关于国际形势紧张对我们有利,提出对美国搞"绞索政策",实际上把美帝国主义的锋芒吸引到中国身上。这就改变了我们的对外政策首先要为国家建设争取一个和平的国际环境服务的思想。这是后面要讲到的王稼祥部长所不赞成的。

1958年起,赫鲁晓夫巩固了在苏共党内的地位,开始加快同美国等西方国家改善关系的步伐。他已经不再像前几年那么需要中共的支持。1959年,中国大跃进、人民公社化运动的失败已经显露出来,赫鲁晓夫对中国的政策进行影射批评,指责中共要抢先进入共产主义。

1959年12月毛泽东主席谈中苏分歧的几个历史事件,提出"修正主义是否成了系统"。1959年12月毛泽东主席写了《关于国际形势的讲话提纲》(《建国以来毛泽东文稿》第八卷),主要总结了中国和苏联的关系,提出了"修正主义是否成了系统"的问题,讲到中苏某些不团结仍然是一个指头同九个指头的关系,讲了十件"一个指头的历史事件。"以下列举几件:

第三件讲:"1953年高(岗)饶(漱石)彭(德怀)黄(克诚)在莫斯科的支持下,进行了一次颠覆活动。"

第五件讲:"1956年,反斯大林事件,和平过渡论出现,我们有两篇文章。"

第七件事件是:"1958年,中国制定社会主义建设时期的总路线,出现了大跃进,人民公社。中苏北京八月会谈,共同舰队和70%投资建立电台事件,我们抵制了这个进攻。金门打炮事件,吓坏了我们的朋友。"上述"70%投资建立电台,"是指苏方建议由它出资70%,中苏合建雷达站,建成后共同使用。毛泽东主席批示:"钱一定由中国出,不能由苏方出。"也就是所有权属于中国。上述"北京八月会谈"实际是7月21日、22日毛泽东主席同尤金大使两次谈话和7月31日赫鲁晓夫紧急赶来北京对毛泽东主席作澄清。在这之前的1958年6月28日周恩来致信赫鲁晓夫,就苏联在中国的军事专家的建议，希望苏联提供生产核潜艇等方面的技术帮助。尤金大使答复毛泽东主席称，"赫鲁晓夫希望同中国同志商量一下，建立一支共同潜艇舰队。"对此，毛泽东主席在同尤金和赫鲁晓夫会谈中给予了痛斥，谴责苏联要控制中国，从他谈话用语的尖刻、激烈，已经可以看到中苏的相互信任和团结已经受到极大损害，中苏关系恶化已是无法避免了。

第八件讲："1959年西藏事件，中印边界事件，九月两党交换文件，十月北京会谈，抵制了朋友的谬论。"这是指1959年3月西藏达赖叛逃印度，印方给予了支持，8月中印边境发生了第一次武装冲突，苏联塔斯社发表声明，对这次冲突不分是非地表示"遗憾"。在这之前的6月，苏联借美苏正在讨论禁止核试验条约为由，单方面撕毁了1957年10月同中国签订的《协定》，停止向我提供原子弹样品和生产的技术资料。接着在1959年9月赫鲁晓夫访问美国。他访美回国时，来北京参加国庆十周年，在国庆招待会的讲话中，影射、指责我国1958年金门打炮，说"用武力去试探资本主义制度的稳固性"是不正确的。同年10月2日，毛泽东主席等中央领导同志同赫鲁晓夫举行会谈，开始时双方气氛还好，但在金门打炮问题特别是中印关系问题上，双方进行了长时间、激烈的争论。赫鲁晓夫抓住中方一位同志的一句话（要争取印度尼赫鲁，"迁就是无效的"）纠缠不放。毛泽东主席一再打圆场说：不谈了，算了吧！这只是九个指头和一个指头的问题，我们的基本路线是一致的，不应该影响我们的团结。赫鲁晓夫表示，在我们最困难的时候，中国支持了我们，而我们也支持了你们。毛主席说，我们在政治上是互相支持的，在金门问题上，你们支持了我们。但赫鲁晓夫仍纠缠说，不能同意中方有同志指责他是"迁就分子。"王稼祥部长为缓和紧张气氛，最后讲了一句：这里翻译的可能不确切，没有说你是"迁就分子。"会谈就这样不欢而散。赫鲁晓夫一回到苏联就在公开讲话中影射指责我党，说如果把战争强加在人民头上，是不能害怕战争的，"但是向往着战争，像一只公鸡一样准备打架，这是不明智的。"

无私无畏、追求真理的王稼祥

毛泽东主席《讲话提纲》讲到的第九件事是"同年（指1959年），高饶余孽（指彭德怀、黄克诚）又在朋友支持下进行了一次颠覆活动。"毛主席把中央政治局委员彭德怀在卢山会议对大跃进、人民公社中的错误提出意见，看得十分严重，断言是苏联支持的颠覆活动。

1960年开始公开批判现代修正主义，中苏关系到了破裂边缘。 1960年1月，毛泽东主席下了决心，公开写文章批判苏共二十大提出的"和平过渡"、"战争不是不可避免的"等问题，他说：它修正了马克思主义、列宁主义。只要有资产阶级存在，战争是不可能避免的。

1960年4月22日列宁诞生90周年的时候，我们发表了《列宁主义万岁》、《沿着伟大列宁的道路前进》和《在列宁的革命旗帜下团结起来》三篇长达六万多字的大文章，系统、全面地批判了赫鲁晓夫的"修正主义"，批判了"和平过渡"、"和平共处"、"和平竞赛"、"战争可以避免"等理论。文章表面上指名骂南斯拉夫铁托，实际上采取了指桑骂槐影射的做法。三篇文章强调了列宁主义没有过时，我们的时代是帝国主义和无产阶级革命的时代；修正主义由害怕战争进而害怕革命，由自己不想革命而反对人家革命；要不要革命，要不要反对帝国主义是马列主义者同现代修正主义者的根本分歧；现代修正主义是帝国主义的代理人，是各国无产阶级和劳动人民的敌人。

这样，中苏大论战就公开化了，而且把现代修正主义定性为"帝国主义的代理人"、"敌人"。

1960年是中苏关系急剧恶化的一年。在我党发表三篇反修文章之后，

（一）1960年6月5日，在北京举行世界工人联合会理事会期间，刘少奇等中央领导人邀请出席该会的外国共产党负责人座谈，介绍了我们同现代修正主义的分歧，邓小平只谈了一个问题即"时代"问题，苏联代表团团长带头退场。苏共中央后来指责中共把两党分歧扩大到非党的国际群众团体中去。

（二）同年6月中旬，赫鲁晓夫精心策划了布加勒斯特会议，对彭真率领的中共代表团进行了突然袭击和组织围攻，反驳《列宁主义万岁》等文章的观点，指责中共是"教条主义"、"民族主义"、"冒险主义"、"要发动战争"等等。还指责中国的大跃进、人民公社化运动及"帝国主义是纸老虎"、"东风压倒西风"等观点。

（三）同年7月16日，苏联政府突然照会中国政府，决定在一个月内，召回在华的全部1390多名苏联专家。

（四）同年11月在莫斯科举行81国共产党与工人党代表会议，中苏双方都以分裂的边缘政策对边缘政策。最后双方妥协，达成了谁也不准备完全执行、可以各取所需的《莫斯科声明》。会后中苏关系有不到一年的缓和期。

1961年10月，苏共召开苏联共产党第二十二次代表大会，会议指责了阿尔巴尼亚党，我们则支持这个反对苏修的主要盟友。中央认为二十二大标志着赫鲁晓夫修正主义路线已经更加系统化、理论化，可以概括为"三和两全"。"三和"即"和平共处"，"和平竞赛"，"和平过渡"。"两全"即"全民国家"，"全民党"。还认为赫鲁晓夫修正主义从此走下坡路了。中苏关系很快地恶化并走向破裂。

面临严峻的国内国际形势，王稼祥提出纠正"左"的对外政策意见

为了揭露苏联不反帝，我们高举反美帝国主义的旗帜，对全世界人民的反美斗争都要发表谈话、声明或举行盛大集会表示坚决支持。1961年5月，美国在南越发动"特种战争"，越南已派部队去南越和老挝。我们坚决支持越南抗美救国战争。中国同印度在1959年边境冲突后，两国关系一直很紧张。台湾的蒋介石集团则叫嚣要反攻大陆。国内的经济情况十分严峻，从1959年起连

无私无畏、追求真理的王稼祥

续几年，粮食不足，人口减少。

面对国内经济困难国际上四面树敌的严重形势，中央书记处书记、中联部部长王稼祥心急如焚，本着对党对国家高度负责的精神，经反复思考，形成了对外工作的一些想法，于1962年年初开始，他亲自动手、口授和修改，主持起草了近十个文件，大部分没有上送。由王稼祥和中联部副部长刘宁一、伍修权签送的以《党内通讯》形式的信，上送给了周恩来总理、邓小平、陈毅同志。王稼祥部长在这些文件中提出的主要意见和建议可以简单概括为以下几点：

（一）我们对外政策首先要为我国社会主义建设争取和平的国际环境服务，因此有必要采取和缓的方针，注意斗争的策略，以争取时间渡过或减轻困难。王稼祥认为和平共处五项原则是我国创导的，他不同意说"必须打倒帝国主义，才能有和平共处和世界和平"。

（二）中苏关系。王稼祥认为要尽可能争取避免中苏关系的公开破裂，美国最怕的是苏联，特别是中苏团结。要掌握团结反帝的旗帜，在求同存异的基础上，主动做好巩固和加强中苏友好同盟的工作；同赫鲁晓夫的斗争，仍然必须服从于团结反帝的大局；互相不公开批评对方的内部事务，可以你说你的，我说我的；不把修正主义当作反马克思主义进行公开直接的批判；总起来说，要在一种特殊形式的统一战线范围内进行斗争，集中力量打击赫鲁晓夫的指挥棒。

（三）反对帝国主义问题。王稼祥认为美国的主要对手是苏联，我们对美帝也应该采取较为缓和的态度。中国要避免把美帝国主义的锋芒全部集中地吸引到中国身上。朝鲜战争时，战火没有扩大到中国东北，主要是美国怕苏联参战，现在情况不同了。因此要避免朝鲜式战争，不能因为别国提出要求，再派军队去那里参战。

（四）中国和印度关系。王稼祥指出，为了争取印度人民，便利于印度主张印中友好的进步力量的斗争，我们需要考虑采取新的措施，打开目前的僵局。印度不是我们的民族敌人，我们的主要威胁来自美帝国主义。要高举中印友好、和平共处五项原则、通过谈判解决中印争端的旗帜。

（五）支持各国人民革命问题。王稼祥认为对别国的革命应该积极支持，但是必须"实事求是，量力而行"。他认为武装斗争不是争取民族独立的唯一道路。特别是社会主义国家同没有取得胜利的共产党不同，它由于有外交关系，不能公开号召别国人民起来革命，相反地只能说不干涉别国内政。不能以社会主义国家作为推动别国革命的主力，否则将导致打到别国去进行革命战争。

王稼祥部长勇敢地提出的对外政策的建议，基本精神是正确的，这样做也是完全符合党章规定的党员义务和权利的。

被错误地扣上"三和一少"修正主义罪名

王稼祥部长受到批判的导火线是，1962年7月，世界和平理事会在莫斯科举行争取裁军与和平大会。王稼祥部长认为，在裁军大会这样的场合，我们讲话的侧重点要把和平讲透。我们不仅要团结争取民族解放的力量，也要争取只主张和平与裁军的力量。会后毛泽东主席批评中国代表团在裁军大会上的做法"脱离了左派，加强了右派，增加了中间派的动摇"。

这次大会后不久，就举行了中共八届十中全会包括预备会议。毛泽东主席在1962年9月14日华东组的《简报》上批了："可看，很好"。《简报》中讲："××说，现在有一股风，叫'三面和一面少'。意思是说我们对美国斗得过分了，对修正主义斗得过分了，对尼赫鲁斗得过分了，要缓和一点。一少，是指我们对亚洲、非洲、拉丁美洲支持太多了，要少一点。这种'三和一少'的思想是错误的。""所以又吹起了'三和一少'那样一股歪风，主要是三年的暂时困难，把一些马列主义立场不坚定的人吓昏了"（《建国以来毛泽东文稿》第七卷）。

中共八届十中全会批判了党内的修正主义。毛泽东主席在1963年和1964年对一些国家共产党领导人说：修正主义的国内纲领就是"三自一包"，国际纲领是"三和一少"。中央联络部里就有少数这样的人，王稼祥同志也被拉到右边去了，他主张"三和一少"。毛泽东强调：针对"三和一少"，我们的方针就是"三斗一多"，就是对帝国主义要斗，对修正主义要斗，对各国反动派要斗，要多援助反对帝国主义的、革命的马列主义的政党和马列主义派别。

后来权力极大的中央文化革命小组顾问、野心家、阴谋家康生又把"三和一少"上纲为"三降一灭"。康生偕同中央文化革命小组成员、原中联部副部长王力还到中联部去煽动批判"三和一少"，斗争王稼祥部长。

批判"三和一少"、搞"三斗一多"使得整个对外工作走向了极"左"

批判"三和一少"搞"三斗一多"的结果，首先是反对苏联"修正主义"的斗争加强了。1962年11月起有五个国家共产党的代表大会，从点名指责中国反修的主要朋友阿尔巴尼亚发展到指责中国共产党。我党从1962年起由《人民日报》连续发表了七篇文章，批判意大利共产党总书记陶里亚蒂（共两篇，第二篇《再论陶里亚蒂同志同我们的分歧》长达10万字），系统地不点名地批判赫鲁晓夫，还批判了法国共产党总书记多列士和美国共产党等。

1963年6月，我党发表了《关于国际共产主义运动总路线的建议》的纲领性文件，揭开了反修斗争"大反攻"的序幕。接着以评论苏共给各级党组织和全体党员公开信的形式，陆续发表了九篇点名狠批赫鲁晓夫的文章，这就是《九评》。苏共方面发表的论战文章数量很多，但份量不重。《九评》断言苏共"和平共处"

总路线的灵魂是，苏美合作主宰世界。1963年9月发表的第三评《南斯拉夫是社会主义国家吗?》，批判南斯拉夫搞市场经济，引进外资，自由竞争，加工进口零部件，出口原料，私人企业在发展等，说明资本主义在城乡发展泛滥。1964年7月发表的第九评，总结了苏联"复辟资本主义"的经验教训，批判了苏联学习美国资本主义经营方式，搞利润原则、自由竞争、物质刺激、高工资、高奖金、高稿酬等，造成了资产阶级特权阶层。

1966年3月，苏共召开苏联共产党第二十三次代表大会，中共拒绝派代表参加。中苏两个共产党的来往从此中断。随后我们把原来全世界80个共产党中70个共产党都作为"修正主义"党，中断了关系。

我们越来越强调战争的危险迫在眉睫。1964年起，国内加快了反修、防修，准备战争，"要做美苏分别从南北动手，加上日本、印度、蒋帮，敌人从四面八方来，美苏瓜分中国的最坏设想。"

1966年5月"无产阶级文化大革命"正式开始后，对外工作的极"左"达到了最高峰，同年8月，中共八届十一中全会提出：当前正处在世界革命的一个新时代，帝国主义走向全面崩溃，社会主义走向全世界胜利；无产阶级国际主义是我国对外政策的最高原则（用当时另一种说法，就是"外交服从革命"）等等。1969年4月，中共九大修改后的党章，正式写上"打倒以美国为首的帝国主义，打倒以苏修叛徒集团为中心的现代修正主义，打倒各国反动派"的奋斗任务。

当时还强行对外宣传毛泽东思想和文化大革命。1966年10月，中央批准宣传毛泽东思想和文化大革命作为驻外使领馆的首要任务，有的驻外人员甚至在所在国"访贫问苦"，扎根串联。对许多涉外事件，不问事实真相，无限上纲，动辄抗议，甚至轻率地主张断交，使我国同48个建交或半建交国家中的近30个国家先后发生了外交纷争。最荒谬的是1967年6月至8月，发生了北京的"红卫兵"对四个驻华大使馆、代办处的"三砸一烧"

无私无畏、追求真理的王稼祥

事件：

（一）万人围攻英国代办处，放火烧了代办处的办公楼，揪斗了英国代办。

（二）50万人游行砸了缅甸驻华大使馆。

（三）游行队伍砸了印尼大使馆，焚烧了汽车等设备。

（四）游行队伍砸了印度大使馆，两个印度外交官被驱逐出境时，沿路又对他们进行批判、殴打。对方也对我方采取了相应报复行动，甚至中断了外交关系（印尼）。

中国同苏联的关系1969年秋，到了战争的边缘。1971年中美开始改善关系，1973年我们开始实行"搞一条线"的政策："美国、日本、中国、巴基斯坦、伊朗、土耳其、欧洲"共同对付苏联。这是后话。

当时还提出"中国是世界革命的根据地"，同意并支持一些亚洲国家的共产党以中国为基地进行公开的政治活动，1966年至1969年同意并帮助几个共产党在中国设立广播电台，还帮助一些共产党和左派人士来中国学习军事，为他们提供军事、物资和经济援助，甚至派军事骨干去协助他们。与此同时，国家大量增加对外援助，特别是援越抗美和援助非洲。最高时援外支出占国家财政支出6-7%。

类似上面这种"三斗一多"、"四面出击"的极"左"做法，正是1962年王稼祥担心和反对的。

1979年中央批准为"三和一少"平反，邓小平对中苏大论战的评价

文化大革命结束以后，1978年底的中共十一届三中全会没有涉及对外工作。1979年3月，中央批准并向全国通报了中联部上送的《建议为"三和一少"、"三降一灭"问题平反的请示》（《三中全会以来重要文献汇编》上集）。《请示》为王稼祥部长平

了反，肯定了他 1962 年提出的意见总的精神是正确的，否定了林彪、康生、"四人帮"在对外工作中煽动极"左"思潮，搞四面出击、"三斗一多"、打倒一切、破坏了我国同一些国家的外交关系和正常交往。

邓小平同志在二十世纪八十年代同一些国家共产党负责人曾经简单地谈了对中苏大论战的看法。如 1981 年同原意大利共产党总书记陶里亚蒂的遗孀约蒂议长说："1963 年我们写了篇文章，对不起陶里亚蒂同志。那篇文章丢到纸篓里去吧！"1983 年邓小平同志会见澳大利亚共产党（马列）主席希尔时说："大论战我们发表了九篇文章，从现在的观点看，好多观点是不对的。我们的错误不在个别观点，个别观点谁对谁错很难讲。应该说，我们的许多观点现在看还是对的。我们的真正错误是，根据中国自己的经验和实践来论断和评价国际共产主义运动的是非，因此有些东西不符合唯物主义和辩证法原则。"1987 年邓小平同志会见保加利亚共产党总书记日夫科夫时说："我们 1957 年反右派，1958 年大跃进、搞人民公社化，包括对国际共产主义运动的政策也是'左'的。"1989 年 5 月，邓小平同志同苏共总书记戈尔巴乔夫在北京会谈，宣布了两国、两党关系正常化，在谈到那场中苏大论战时，邓小平说："回过头看，双方讲的都是空话"；"马克思去世一百多年，究竟发生了什么变化，在变化的条件下如何认识、发展马克思主义，没有搞清楚"。

事情已经过去了 40 多年，80 年代初起，我们强调和平与发展，重申坚持和平共处五项原则，革命不能输出。在纪念王稼祥诞辰 100 周年的时候，再来回顾他 1955 年在中共全国代表会议上提出的不能把中国革命的理论与经验，教条主义地搬到外国的重要思想，特别是 1962 年为纠正"左"的对外政策，勇敢地提出全面、系统的意见，是多么的正确，多么的重要啊！如果王稼祥部长当时的意见被接受（这在当时是不可能的），后来的世界格局，就完全是另一种状况了。王稼祥部长在文化大革命期间被批判、斗争时，仍然坚持原则，坚持真理。他感人肺腑地说，面临当时严峻的国内国际形势,"我想啊想啊,觉得严重,于是乎,我就挺身而出,来向中央勇敢地提意见";"我当时不是对我敬爱的毛主席和党中央存有二心";"我觉得如不呈诉自己的意见,那并非共产党员的本质;如不提出意见,中国若陷入十分困难的境地,我将后悔终身。"王稼祥部长这种忧国忧民的赤子之心,无私无畏坚持真理的伟大精神,在中国共产党党史上将永垂千古,永远值得我们学习。

(原载《炎黄春秋》2006年第8期)

周恩来与1973年廖承志访日团

我有幸在文化大革命期间获得"解放"后,以"青年工作者"身份参加廖承志会长为团长的中日友协代表团于1973年4月16日至5月18日访问日本32天。

中日关系一直是我国对外关系中一个非常重要的问题。毛泽东主席特别是周恩来总理曾为增进中日人民友谊和发展两国关系付出了巨大心血。1972年2月美国尼克松总统访华,改善了中美关系,对日本这个盟国搞了"越顶外交",加上日美经济矛盾发展,引起了日本人民和各界人士的强烈不满,要求同中国建交的呼声越来越高。经过双方的共同努力,1972年9月,田中角荣首相访华,签署了两国政府《联合声明》,实现了两国关系正常化。

周恩来总理通过访日团推动"解放"干部

周恩来总理在"文化大革命"非常困难的情况下支撑了国家的运转。林彪事件后江青集团还开展了矛头针对周总理的学习、评论《水浒传》活动。但是1973年上半年周恩来总理的处境还算是相对平稳的。毛泽东主席于3月9日批准同意了周恩来总理报送的《关于恢复邓小平同志的党组织生活和国务院副总理职务的决定》。周恩来总理同时决定派廖承志会长为团长的中日友协代表团访日,以落实中日《联合声明》。可以看到,他通过这个代表团出访来推动"解放"干部的政策。代表团不仅有当时在台上的人,

周恩来与1973年廖承志访日团

也包括了一批文革中受到冲击的各界知名人士。周恩来总理要《人民日报》发表代表团（包括工作人员和记者）55人的全部名单，发表参加迎送的主要人员名单，代表团访日的消息和照片要刊登在各地街道上的宣传橱窗里。

《人民日报》发表的副团长名单依次为：全国政协常委楚图南，辽宁省革委会副主任李素文、全国人大常委马纯古、全国体总副主席赵正洪、友协副会长张香山、上海市革委会副主任周丽琴、国务院文化组成员、作曲家于会泳、友协秘书长孙平化（兼代表团秘书长）。代表团团员名单，依次为：人大常委、数学家华罗庚，政协常委董其武、荣毅仁、王芸生，人大代表谢冰心、吴恒兴等；代表团团员还有：国务院文化组成员浩亮，人大代表张瑞芳、古元、王崇论、邢燕子、郑凤荣，舞剧演员薛菁华，京剧演员李炳淑，游泳教师戚烈云，围棋运动员陈祖德等。《人民日报》发表的部分迎送人员名单为：李先念、邓小平副总理，郭沫若副委员长，傅作义，吴德，韩念龙；还有卢汉、林巧稚、胡愈之、刘斐、朱蕴山、周培源、赵朴初、苏子蘅、徐萌山、杜聿明、郑洞国等四五十位民主人士和各界知名人士。这两个名单当时引起了全社会极大关注。

出访前周恩来总理同代表团交谈三小时

代表团离京前夕的4月14日晚，周恩来总理在人民大会堂会见了代表队全体55人，进行了三个多小时的亲切交谈，一直到深夜一时结束。他首先谈到，邓小平（时任副总理）将出现在明天的欢送代表团行列中，将成为国内、外最关注的新闻。他很快把话题转到文艺界，问在座的于会泳和张瑞芳："张主演的、人人皆知的《李双双》这个电影错在哪里？是不是李双双这个人物被否定了？"于会泳回答："片子的作者有些问题"。张瑞芳说："作为无产阶级的人物，自觉性还不够，好像是本能的，看不出她的觉悟从哪里来"。周恩来总理说:"李双双喜欢管事,她管的都是大道理。她丈夫有点'中间人物',但还是改造过来了。""张瑞芳作为访日代表团成员,是有代表性的,她抗日战争初就参加了革命。李炳淑(样板戏'龙江颂'主角)也有一点代表性,她也演过一点'帝王将相'的老戏。"周总理又说:"上海把黄宗英'解放'了做得对,不能因为他是赵丹的妻子而受了株连";"黄梅戏著名演员严凤英自杀了,很可惜。"全国政协常委荣毅仁问周恩来总理:"在日本有人问到资本家的定息问题该如何回答?"(注:1956年搞全面公私合营后,每年给资本家按5%资本额的定息。后来就不再提定息的事了。)周恩来总理回答:"党和全国人大没有表明过态度,你可以讲讲个人的看法。"荣毅仁说:"可以说,定息是党的政策,文化大革命以来冻结了,将来会作处理的。"周恩来总理问:"你的资产估值多少?"荣毅仁答:"3000万元,一年一百多万定息。我在国外的兄弟不拿,我一年拿100万不到。"周恩来总理说:"解放前中国的民族资本总共只有22亿元,定息每年1.1亿元。中国的民族资本少得可怜,要他们在殖民地、半殖民地国家领导革命,不行"。"按照毛主席思想,定息应交本人,本人自愿怎样处理就怎样处理。傅作义曾把存折放在我处,怕抄家被抄走了不好,(1970年)卢山会议后我就交还给他了。他说就由他保管吧,我说钱你要用。程潜有一笔款,他夫人上交了。这类事应在全国人大解决。"王芸生(原《大公报》总编辑)说他看不到《参考资料》,周恩来总理说这个问题要解决。

周恩来总理还提到"学习《水浒传》问题,日方不讲我们就不谈"。

周恩来总理三个多小时主要谈这次出访的方针问题。代表团访日最复杂的问题是如何处理日本共产党和日本同苏联关系问题。上世纪六十年代反对修正主义大论战后,中共同苏共分裂了。1966年日本共产党(以下简称日共)(曾支持中共的抗日战争)因为主张联合苏联反美帝国主义,也被断绝了关系,我们支持从日共分裂出来的"左"派小组织和从日共领导的日中友协等群众

周恩来与1973年廖承志访日团

团体分裂出来的小团体。代表团访日前两个月,毛泽东主席向美国基辛格提出"美国、日本、中国、巴基斯坦、伊朗、土耳其、欧洲"的联美反苏"一条线"政策,我国对外战略方针明确为"集中打击苏修"。而积极推动日中友好、同中共有十多年"联合苏联反对美帝国主义"历史的日本社会党以及它和日共影响下的工会组织和其他群众团体则"反美不反苏",因此同我们有一些疏远。日本社会党委员长浅沼稻次郎在1959年访华时提出"美帝国主义是日中两国人民的共同敌人",1960年在日本遇刺身亡。日本政府当局不少人以及北海道和东北部沿海的地方政府和京都县知事等,主张同苏联友好,发展日苏贸易,共同开发西伯利亚等。有的日本城市已同苏联结成姐妹城市。周恩来总理按照内外有别的精神谈了出访的方针问题,主要有:

(一)"团结老朋友,广交新朋友",不断扩大中日友好的队伍。交朋友要照顾左、中、右,对反华、亲台湾的右派也要做工作。他特别提醒不仅要为已故的长期为日中友好做出贡献的老朋友扫墓、慰问遗属,还要慰问那些竞选议员落选的老朋友,以及不久前在中国举行的世界乒乓球赛失利的日本乒乓球队。

(二)周总理说:"现在德国、日本甚至英国想给我们贷点款,我们不要说死了,就是不要。日本经济界关心两国经贸合作问题,我们要积极呼应。要研究:如果不损害主权,能不能接受各种形式的分期付款,它带有一点贷款性质。总不能什么贷款都不要呀!友好城市这样的活动可以搞起来,如西安和奈良,上海和大阪,今年先搞四对,怎么样?我们寄希望于日本人民,中日两国人民应世世代代友好。"

(三)二战后日本一直受美国控制,当时日本人民的斗争主要是反对日美安全条约、要求增加工资、反对"小选区"的选举制。周恩来总理说:"我们支持各国人民的正义斗争,又不干涉别国内政。代表团访日时,不宜把反美放在首位。对'苏修'不要点名,我们不要挑起这个问题;不要提支持日本收复北方四岛这类日苏有争议的问题。"他又指出:对日共和对苏修要有点区别。

周恩来总理提出这个方针既不使日本东道主、政府为难，又有利于团结日本人民。后来日本一些报纸、杂志评论说："中国代表团恰当地处理了日共、日苏关系问题，使日本人民对代表团'好感倍增'。"

（四）周恩来总理指出，在做华侨工作、促进华侨团结的同时，要做台湾侨胞的工作。要争取有影响的台胞如著名的围棋手吴清源等人来国内探亲，外交官以个人身份也可以来。代表团要警惕台湾方面的捣乱和破坏。

周恩来总理针对代表团不少成员刚经历了文革的冲击，心有余悸，鼓励大家要大胆讲话，不要怕说错话，错话难免。讲话时要注意日本的舆论动向，它们经常随风转变。他提醒应该去看看田中首相赠送的种在天坛的樱花树长得怎么样了。他谈话时已是深夜，廖承志会长立即派人去天坛现场察看，回来报告说樱花树长得很好，还摘回来几片嫩叶。周恩来总理很高兴。这几片嫩叶也没有做任何简单包装（注：这也说明了文革时期物资的匮乏），在廖承志会长会见田中首相时，将几片樱花树叶从他笔记本中拿出来送给田中首相。日、中媒体对中日友好的这个小插曲纷纷做了报道。

代表团访日形成中日友好新高潮

代表团这次访问，成为继中日建交后又一次中日友好的新高潮，也可以说是收获了20多年友好工作播下的果实。日本各界人士都争着要会见廖承志会长，还有张香山副会长，他们两位是周恩来总理进行建交谈判时的顾问。日本各个地方都热烈要求代表团去访问，代表团只能又合又分成四、五个组分别访问了日本47个都、道、府、县中的38个。同各界、各阶层人民，从皇族、首相、大臣、各政党负责人到工、农、渔民、部落民以及旧军人包括释放回国的战犯都做了友好的接触。参观了很多工厂、农村、学校、研究所,直接同基层的工、青、妇等座谈。所到之处都受到非常隆重友好的接待。代表团乘新干线路过的车站,特别是从长崎到熊本100多公里长的公路两旁,闻讯自发而来欢迎的人群络绎不绝,情景感人。为了接待代表团,有些相互敌对的势力也联合起来。

廖承志会长、张香山副会长、孙平化秘书长等同执政自民党四派负责人多次接触;同田中首相会见、会谈三次,同大平正芳外相和三木武夫副首相会见各七、八次,同中曾根通产相也多次会见。

田中首相访华时曾去台湾活动的自民党副总裁以及自民党右派头子之一的日本体协会长也都主动来参加或主持招待酒会。代表团同东京和关西六大财团和新日铁的领导们都见了面。

代表团按照周恩来总理的指示,做了"老朋友"的工作,充满了人情味。主动拜会了社会党、公明党和民社党三个在野党,充分肯定了他们对日、中建交所起的重要作用。社会党和受它影响的工会组织"总评"在各地方动员群众欢迎代表团方面起了重要作用。

这次结交的"新朋友",大量的是30多个县的知事、下属市长、县市议长等地方实力派以及地方和基层的政党、工、青、妇组织领导人。接触了日本37个单项体育协会中的36个以及其他文化、艺术、科学、新闻、医学、围棋等各界的朋友。代表团住的旅馆门庭若市,应接不暇。通过这次访问,加深了日本人民对中国人民的亲近感,很多中年以上的人以谈论两国的历史渊源为荣,强调中国文化对日本的影响,有的人特别是旧军人对日本军国主义侵略过中国有"负罪感"。

过了近40年再来回顾1973年那次访日,感到那时日中友好确实是广大日本人民的要求。年青人受美国文化和生活方式的影响还不是很深。那时没有什么"中国威胁论"。一般估计,超过70%的日本人对中国有亲近感,这同进入21世纪后有百分之六七十的人对中国没有好感形成鲜明对比。这个问题值得认真思考。

全国人大常委马纯古率领的代表团一组人访问了冲绳。冲绳原来叫琉球，是中国的附属国，国王由中国皇帝册封，1879年被日本并吞。在冲绳，代表团受到非常友好的接待，有的人自称是从福建过来的，有的人有三种文字的姓名（中文，日文，冲绳语），不承认是"大和民族"。代表团访问期间，原来无组织的两千名华侨成立了华侨总会筹委会。冲绳欢迎中国代表团的酒会原来只挂中国国旗，后来增挂了日本国旗。冲绳人民反对日美安全条约的情绪很强烈。代表团抵达县政府门口时，还有几个美国士兵高喊"毛主席万岁"、"反对美国军事基地"的口号。现在再来看冲绳人民仍有强烈的反对美国普天间机场的情绪就不奇怪了。

代表团访日期间，很多次遇到二三十人的日本右翼分子和台湾方面人员的捣乱，日方都派警察把这些捣乱分子挡在二三百米外。

日本经济遇到的问题同30年后中国相似

代表团参观了很多日本的工厂、农村，了解了不少经济情况。当时我们的基本看法是：日本经济畸形高速发展，石油等能源与铁砂等原材料严重依赖外国，市场也依赖外国，也就是"两头在外"。过了近40年后，回头再看日本当时经济方面遇到的问题，同21世纪后中国改革开放遇到的问题有一些相似的地方。日本的农业确有"畸形"的地方。

（一）1973年日本经济还在高速发展。日本经济在1955年恢复到日本投降前的最高水平，以后每年以10%左右的高速度增长，1967年国民生产总值（1400亿美元）超过英、法，1968年超过西德。1972年估计为2900亿美元。

1965年，日本对美国贸易开始出现顺差。1971年8月，美国单方面宣布对日本征收10%的进口附加税，压日元升值。1971年底，日元开始实行浮动汇率，1972年日元升值16.88%。代表团访日时，一美元兑换260多日元。

1985年4月"广场协议"后，1995年日元曾升至79日元兑一美元的高点，1998年又贬值到145日元兑一美元。近几年来一直在90元上下。40年来，在美国压力下日元震荡升值，但是美国并没有能改变对日贸易逆差。

（二）战后日本经济的高速发展，除了得益于朝鲜战争和越南战争的美军订单和美国先进技术的援助外，主要是"低工资，高积累"的政策。1972年日本工人的工资大约相当于美国的1/4到1/3，德国的1/2。据日本"总评"负责人介绍：1973年初，日本工人的平均工资为73000日元（260多日元兑一美元），最高13万日元，最低3万日元。代表团参观的索尼一家工厂，工人平均年龄不到25岁，每周工作五天，月平均工资8万；全日通一家工厂，60%以上的工人年龄在30岁以下；一家烟草厂工人的平均年龄则为44岁，月平均工资七八万。农村的临时工每天工资两千到三千日元。

日本政府大力投资搞高速公路和新干线（国铁）。私人企业大规模投资搞新兴产业，更新设备，投资连续十几年每年平均增长22%，超过生产增速的一倍。结果是设备生产能力超过实际需要的20%。工业设备中有一半使用期不到五年。因此日本很想对外出口成套设备。1972年日本产钢9690万吨（2010年上半年为5400万吨），而炼钢设备能力则达1.2亿吨。日本炼钢技术比美国先进，钢的成本比美国低很多，美国一吨240美元（包括工资74美元），日本仅140美元（包括工资21美元）。

（三）日本当时突出的社会问题有：

1. 工人要求提高工资，工会已连续19年发动"春季斗争"，要求提高工资，代表团访日时正遇"春斗"高潮，"总评"估计工资可能增加20%。从要求提高工资又逐步发展到要求缩短工时，反对"合理化"（减少人员，提高工作强度或工作效率），并开始重视住房、养老金和医疗问题。

2. 当时日本已开始重视老龄化问题。日方安排代表团看了一部流行的、反映老年人困境的电影《恍惚的人》。

3. 日本的"公害"问题在资本主义国家中占第一位。"公害"从对植物、对动物发展到对人,媒体报道最多的是"疼痛病"和"水俣病"。我们当时认为中国没有"公害"反映了社会主义的优越性。上述经济和社会问题,后来有很大变化,人民收入提高,治理污染有很大成就。

随着日本经济高速发展,大批农村青年劳动力涌入城市。农业人口70%为年老的,完全依靠农业为生的只有16%。"农业协同组合"开展对农民技术指导和贷款、存款,农户的机械化已很普遍,大量使用2.5马力的插秧机(16万日元)、6马力的手扶拖拉机(15万日元)、喷雾器等。对代表团来说感到"新鲜"的是,上世纪五十年代日本粮食已基本自给,但随着对美国贸易出现顺差,美国压日本进口美国小麦,加上1967年起日本连续三年获得年产1400万吨粮食的好收成,日本政府1971年起决定减少农村水稻种植面积,一部分水田实行休耕,政府给予补贴,同时大力发展水果、蔬菜种植。1972年日本进口600万吨美国粮食,改变了日本人民的耕作和生活习惯。

以上所用数字,主要是根据笔记整理的,个别数字可能不够准确。

周恩来总理在代表团访日前夕,同代表团交谈了三个多小时,当时我们根本不知道他已患癌症并在三月刚做了第一次手术。我们也没有想到1973年下半年他接连不断受到三次无情的批判、斗争:

(一)7月初,借外交部内部刊物《新情况》153期,批判周恩来总理"大事不讨论,小事天天送,此调不改正,势必出修正"。

(二)11月下旬起举行了多次政治局扩大会议,批判周在中美会谈中所谓的"右倾"、"投降"。

(三)12月底开始了长达一年多的"批林批孔"(批周公)

的运动。周总理抱病没完没了地作检讨。

我要感谢代表团成员杨振亚（曾任驻日大使）和陈永昌（曾任中日友协副会长）对我这篇文章的协助。

（原载《炎黄春秋》2010年第11期）

铁托与华国锋的互访

——对改革开放带来启迪的外事活动

1976年10月粉碎了"四人帮"后，我国的对外交往仍很少，重要的代表团的来往更少，对外部世界的情况很闭塞。1977年南斯拉夫总统铁托访华和1978年华国锋主席回访南斯拉夫（以下简称南），是当时最重要的外事活动之一。

经过50年代到60年代的10年国际反对修正主义斗争，中国同苏联决裂了（在1991年以后，有70多年历史的苏维埃社会主义共和国联盟已解体为15个独立的国家），中共同全世界近80个被称为"修正主义"的共产党断绝了关系，只同朝鲜、罗马尼亚（以下简称罗）和东南亚几个国家的共产党有较好的关系。同为数不多的在反修斗争中产生的"马列主义左派党"也保持联系。

1977年做出邀请铁托访华的重要决策

1977年5月24日，华国锋（没署头衔）致电铁托祝贺他85岁寿辰。中央随后决定邀请南斯拉夫总统、南共产主义联盟（南共联盟）总书记铁托访华。（1990年底开始，南斯拉夫社会主义联邦共和国开始解体为斯洛文尼亚、克罗地亚、塞尔维亚等独立国家）。铁托曾经是第二次世界大战时反对德国法西斯侵略的英雄，他坚持独立自主，不愿按照苏联模式建设社会主义，南共联盟因而被苏联共产党开除出1947年成立的欧洲"九国情报局"（类似小型的1943年解散的"共产国际"）。1958年，南共联盟又是第一个被我党戴上"现代修正主义"帽子和第一个中断了两党关系的共产党。在1963年9月，我党在国际反对修正主义大论战中发表的《九评》中的第三评，即"南斯拉夫是社会主义国家吗？"一文中，严厉地指责南斯拉夫"铁托集团"是美帝国主义的附庸，美帝国主义的反革命别动队，南社会主义全民所有制经济已蜕化为资本主义经济，从无产阶级专政蜕变为资产阶级专政。具体罪名有："南宪法肯定了发展私人资本主义的政策；资本主义在农村泛滥；取消国家统一的计划经济，实行追求利润的资本主义自由竞争的政策；取消对外贸易的国家垄断制；接受美国等西方国家54.6亿美元的援助，使南斯拉夫成为帝国主义的投资市场；出口重要矿产品，使南成为帝国主义的原料基地；进口材料、零部件和半成品搞加工，使南斯拉夫的工业成为西方垄断资本的装配车间。""三评"除谴责"铁托集团"充当反华的急先锋，还谴责"铁托集团"打着"不结盟"和"积极共处"的幌子，破坏亚洲、非洲和拉丁美洲的民族解放运动，指责"工人自治"制度是官僚买办资本主义统治下的一种残酷的剥削制度。

发展不结盟运动和"工人自治"是南斯拉夫两项基本政策。铁托是不结盟运动的主要发起者和推动者。1961年9月，在南首都贝尔格莱德举行了首届不结盟国家首脑会议，后来它的成员发展到超过100个国家，因此铁托在国际上特别在发展中国家有很高的威望。

我国在1958年中断了同南共联盟的党的关系后，在外交、国际事务中长期采取孤立南斯拉夫，排斥南斯拉夫参加国际活动的政策。但是南斯拉夫在联合国仍支持恢复中华人民共和国的合法席位。1968年，南斯拉夫反对苏联入侵捷克斯洛伐克，中国则谴责苏联为"社会帝国主义"，两国共同点增加了。

粉碎"四人帮"不久，中央就对南斯拉夫政策180度的调整，邀请铁托总统访华。所以能做出这样大的决策是因为：毛泽东主席1975年会见南斯拉夫总理比耶迪奇时，赞扬"铁托是铁，不怕苏联压迫"，并问候铁托总统。改善中南关系符合毛泽东主席联合一切反对苏联霸权主义力量的"一条线"战略。但是铁托访华，这就涉及要不要恢复中共同南共联盟的党的关系的问题。当时我们内部有一种意见认为，我们过去反对南共联盟现代修正主义的斗争是毛泽东主席亲自领导的，不能否定。耿飚部长、李一氓副部长等同志的思想比较解放，中央领导同志的思想更加解放。

铁托访华，两党恢复关系

　　南总统铁托率代表团于1977年8月30日至9月8日访华。中方给了铁托一行破格的、热烈的欢迎。华国锋主席、7月刚恢复职务的邓小平、李先念等领导人去机场迎接。天安门广场欢迎人数由原定四千人增加到十万人。华国锋主席在正式会谈一开始，就称呼铁托"同志"说："过去我们吵过架，党的关系中断了，现在要公开称同志，恢复党的关系，有一个转弯子的问题。对国内、国外都需要做些工作。两党可以先恢复内部联系，经过双方努力，再正式恢复关系。"会谈中双方各自介绍了本国情况，就共同关心的国际问题和发展双边关系交换了意见。中方赞扬并支持南斯拉夫坚持不结盟政策，反帝反霸，支持发展中国家反对侵略、掠夺和争取独立的斗争。铁托总统虽然已85岁，头脑非常清晰，介绍了许多中方不了解的国际情况，特别是不结盟国家的情况。李先念副主席同南共联盟中央书记多兰茨，就国际问题和两党关系进行了会谈，并陪同铁托总统一行去外地访问。铁托总统在访华期间，情绪非常高涨，在杭州同随行人员一起在宾馆客厅放声高唱游击队歌曲，直到深夜。铁托总统一行的访问获得圆满成功。铁托总统一行访华后，我们出现了一个去南斯拉夫访问的高潮。从中央到地方有30多个代表团、考察组访问南。

　　1978年3月，中央批准中联部副部长李一氓为团长、社科院副院长于光远和中联部副部长乔石为副团长的中共党的工作者代表团访问南斯拉夫三星期，全面考察了南的政治经济制度。代表团给中央的访问报告,基本上否定了大论战中"三评"指责南斯拉夫的"修正主义"罪状,肯定了南斯拉夫是社会主义国家,南共联盟是马列主义政党。报告还就正式恢复两党关系的方式和华国锋主席回访南斯拉夫的时间提出了建议。中央向省部级、军级单位转发了这个报告。1978年6月,南共联盟成了第一个同中共恢复了关系的"修正主义党"。应该说,"党的工作者代表团"能提出这样的考察结果报告,思想是很解放的。

1978年8月华国锋主席回访南

　　1978年8月14日起,中共中央主席、国务院总理华国锋正式访问了罗马尼亚、南斯拉夫和伊朗(伊朗当时的国王政权正摇摇欲坠。毛主席的"一条线"战略就包括伊朗,伊朗的战略地位重要,因此华国锋还是去了)。主要陪同人员有政治局委员、副总理纪登奎、四川省委第一书记赵紫阳和黄华、张耀祠、乔石、余湛、陈洁、张友渔等。

　　华国锋主席这次出访,是毛泽东主席1957年访问莫斯科之后,我党最高领导人第一次出国访问。在南斯拉夫受到特别热烈的欢迎,首都三、四十万人夹道欢迎。86岁高龄、身体不好的铁托总统同华国锋主席一行进行了四次会谈、两次单独会见。双方就各自国内的情况、国际形势、两国两党合作,包括经济合作坦诚地交换了意见。铁托总统详细介绍了欧洲和不结盟国家的情况,他在这方面有丰富的知识和经验。华国锋主席强调中国既要坚持独立自主、自力更生的方针,也要学习外国的先进技术和经验,引进先进的技术和设备,要向南斯拉夫学习,努力发展两国的经济合作关系。

　　国际上对华国锋主席这次访问南斯拉夫反应很强烈,说中国领导人跑到苏联的"软肚皮处去了"。除了苏联很紧张不安,欧洲、美国和日本等国反应都很积极。访问达到了预定的扩大反霸统一战线的目的。

中南互访对后来改革开放的积极作用

中南友好关系的发展，两国最高领导人的互访和大批代表团、考察团的互访，对我国后来的改革开放，应该说是起了积极的作用。华国锋主席同陪同人员在内部议论了这次访问的收获。根据一位主要陪同人员回国后的传达，"印象很深"的有以下几点：

（一）华国锋主席说，南斯拉夫的基本制度"工人自治"有好的一面，发扬民主，调动地方、基层工人群众的积极性。但另一方面，各共和国权力过大，联邦中央的权力分散。在铁托总统威望很高的时候不会出问题，如果一旦没有这么高的权威，可能会出事。像中国这么大的国家，如果权力太分散，搞诸侯割据，就不得了了。

（二）南斯拉夫和罗马尼亚的对外经济合作完全开放，搞补偿贸易，吸收外国投资，合作经营，生产协作等等，看来也没有损害国家主权。

（三）南斯拉夫认为，吸收外国贷款比较有利，因为利率比较低，归还期限长，而且美元贬值很厉害。我们为"既无内债又无外债"而自豪，南斯拉夫同志很羡慕，说"中国信用那么好，我们想借外国贷款都借不到，而你们不想借"。华国锋主席说：看来我们吸收外国贷款"似无不可"。

（四）南、罗同中国同类的工厂、企业，它们的规模、设备都不如中国，但效率比中国高很多，企业还挤出一部分产品出口换外汇，而我们中国企业的权力太小，经营管理有问题。我们关门自己搞，既不引进外国先进技术，又由国家垄断出口，企业产品不能进入国际市场去接受外国消费者对产品质量的裁判。

（五）南、罗方面几次谈到，除了在战争状态或其他特殊情况，对外国搞无偿援助的做法不好。我国一直强调不做"军火商"

（当时是指责苏联），白送人家军火，连成本也不要。

（六）在访问期间参观的许多单位中，大家印象特别深的是南首都贝尔格莱德的农工联合企业（后来在中国也很出名，企业的中文译名为"背靠背"）。它不仅搞农、牧、畜（奶牛、家禽等）业，还搞加工，从粗加工到最后成品，还有自己的销售网点。华国锋主席要赵紫阳到四川搞一个"背靠背"，北京搞它几个。

华国锋主席认为这次访问很大的成果，是开扩了眼界，有助于解放思想，找到了在经济建设方面的差距。我们要争取时间赶上去。另一方面，也增强了到2000年实现四个现代化的信心。他说："我赞成省委书记们出去多看看。"他还要纪登奎副总理在向中央政治局汇报时，把访问中看到的、听到的和议论的，什么都谈。

在这次访问后，我国从中央到地方，又出现了一次访问南斯拉夫的高潮。

1980年5月4日，约瑟普·布鲁兹·铁托逝世，享年88岁。华国锋主席率中国党政代表团赴南斯拉夫参加5月8日的葬礼。这是唯一的一次中国最高领导人参加外国最高领导人的葬礼。

（原载《炎黄春秋》2008年第8期）

中国青年代表团第一次访问美国

文化大革命结束以后，1978年10月共青团、全国青联恢复工作。1979年8月美国青年政治领袖理事会代表团应邀访华，并邀请全国青联派团回访美国15天。1979年11月，以全国青联主席、全国政协常委胡启立为团长、原青年劳动模范、纺织工业部副部长郝建秀为副团长的全国青联代表团一行13人，对美国进行了13天的访问。我有幸以全国政协委员、全国青联顾问的名义作为代表团顾问陪同访问。

这次访问已过去30年了，至今美国青年政治领袖理事会仍是两国青年组织来往的主要伙伴。因此回顾一下第一次访问，对于今后的交往和了解中美关系那段历史，可能有点参考作用。

1978年底的十一届三中全会后，全国、全党的工作转变到以社会主义现代化建设为中心，但是还没有明确的"改革"、"开放"的理论；1979年1月美国同中国建立外交关系，1月28日起，邓小平访问美国，虽然3月美国就通过了《与台湾关系法》，决定继续卖武器给台湾，但是由于中、美在战略问题上互有需要，代表团访美时，中美关系是比较好的。

民主党总统卡特任期将满，1980年美国将进行总统选举。东道主安排代表团访问的州、市和接触的人士，大部分是民主党影响大的地方或曾经访华、同中国比较友好、有经贸关系的人士。除首都华盛顿外，代表团访问了北卡罗来纳州，其州长不久前刚访问过中国；新罕布什尔州虽是一个人口不多的州，但是民主党总统候选人的初选就将从这个州开始；哈佛大学、麻城工学院所在的波士顿州是民主党肯尼迪家族的"根据地"；有七、八百万人口的纽约市也一直是民主党影响大的地方。

东道主给了代表团比较高的接待规格。我们会见了参议员、众议员、白宫、国务院和运输部的官员、州长、市长以及联合国秘书长、副秘书长和美国驻联合国大使等20多位重要人士。

东道主接待的重点是介绍美国的政治制度

美方安排代表团的第一个节目就是参观美国的众议院和参议院，讲解的官员详细介绍了435名众议员和100名参议员的产生办法和工作情况，众议员的平均年龄为42岁；"参议院是以辩论为主，众议院则以办事为主"。随后，曾于1977年访华的重要众议员勃莱特姆谈了美国民主同英国民主的差别："英国实行议会民主，首相和执行机构由议会产生。美国则是分权，总统和参、众两院议员都是由选举产生的；还有九人组成的最高法院。"摩根参议员向代表团详细介绍了"互相制约、三权分立"的政治制度，说美国政府的权力是分散的，联邦政府还把很多权力下放给州、市。"要了解美国的政治不容易。众议院和参议院之间要讨价还价。例如，众议院批准了石油税，而参议院同情石油公司的参议员则反对。美国很多决策不是由政府做出的，而是由大企业、工会等做出的"。

东道主还安排两党选举委员会的负责人座谈，介绍了如何组织议员的竞选。他们说，选民中18岁到25岁青年参加选举的比例很小。在问到为什么美国同西欧不同，只有两党而没有社会党或社会民主党，回答是："共和党一般主张政府少干预，民主党一般强调人民福利。历史上从欧洲来的移民不少被吸收加入民主党，否则他们可能会成立社会党。这样就使民主党的政策比较接近社会党"。

曾几次参加二十世纪三十年代工人大罢工的汽车工会前国际部长路瑟，对这个问题的看法：美国工人运动不是由政治斗争产生的。民主党总统罗斯福鼓励工人参加工会,工人就慢慢接近民主党,而共和党则被看作接近资方,工会又通过民主党向国会提出工人权益的法案,因此没有成立社会党的基础。

国家安全事务委员会主管中国事务的高级官员奥格森伯格在白宫门口迎接代表团并陪同参观白宫。他同白宫几个负责官员向代表团详细介绍了白宫的组织情况,卡特总统的十个助理每个人的职责;介绍了总统如何同国会、政府各部门以及舆论、工商界、宗教、工会领袖和民主党等联系,如何做出决策。奥格森伯格介绍了白宫的人员编制情况,由预算拨款的幕僚人员350人,还有不拿白宫薪水的人员。白宫主要官员随总统的更换而更换;下面官员实行的是文官制,即"铁饭碗",不由总统任命。卡特总统最近实行了改革,例如文官考试,过去退伍军人考试可加10分,现有人反对,认为军人的生活待遇已很不错。奥格森伯格还详细介绍了国家安全事务委员会的组成情况(99个工作人员,其中30人是专职的),总统国家安全事务助理布热津斯基如何做好总统的参谋和助手,协调和监督国务院、国防部、财政部等所有同对外工作有关政府部门的外交政策。

负责东亚及太平洋事务的助理国务卿霍尔布鲁克向代表团介绍了美、中关系的情况。他说,美国同中国发展关系对美国全球战略基本有利,说中美关系已经历了建交、签订贸易协定两个阶段,现在将进入政治战略合作阶段。他带代表团参观了一部分国务院办公室,特别是参观了国务院值班室。这是1962年美苏发生古巴导弹危机时成立的。这里是国务院的"神经中心",24小时值班,接受来自全世界驻外机构的密电,并同白宫、中央情报局、国防部等有保密电话联系。工作人员每一年半或两年就轮换。值班室当时每班有30多工作人员,发生重大危机时,国防部人员也来办公。

美国青年学生的一些情况

代表团希望能接触青年、学生组织，但美方人士说：青年的组织程度很差，一些自称全国性的组织影响小，美国主要的青年学生组织有：

（一）美国大学生协会（USSA），由全国大学生联合会（NUS）和另一组织合并而成。

（二）老一点的青年组织有青年总经理（总裁）组织（YOUNG PRESIDENT ORGANIZATION），由38岁以下的每年销售额超过100万美元的企业的青年总裁组成。

（三）青年商会（JUNIOR CHAMBER OF COMMERCE），由38、40岁以下的人组成。

（四）青年政治领袖理事会。

代表团这次会见的唯一青年组织是共和党青年组织（YOUNG REPUBLICAN），据该组织主任助理介绍，会员由18岁到40岁的人组成；有会员50万，大部分是工薪人员；在各州都有基层组织（CLUB），华盛顿的办公室有3个职员。该组织最近接待了哥伦比亚、加拿大等国来访的青年代表团。另外还有大学青年共和党人组织（COLLEGE YOUNG REPUBLICAN），有五万会员。

代表团在参观哈佛大学和北卡罗来纳州的杜克大学和杜伦技术学院时，同一些学生进行了交谈。他们认为，60年代学生反对对越南战争的政治运动高潮已经过去，现在的学生不关心政治，埋头读书，关心个人就业前途。青年吸毒、酗酒、犯罪比较严重。从台湾来的留学生说，每年有三四千留学生来美国，总共已有十万人，其中有一两万留在美国。

给代表团印象很深的是：很多美国青年不论其父母的经济条件和社会地位，一般都以自立为荣，依赖父母为耻。我们接触的大学生，大都是半工半读。因此不少20多岁的青年，他们独立生活的能力比较强，阅历较广。

会见联合国秘书长和美国大使

东道主安排代表团参观了联合国总部并同联合国秘书长瓦尔德海姆和副秘书长欧奎特会面，东道主说，外国客人能见到秘书长是一种荣幸。秘书长主要谈了伊朗问题，因为伊朗刚发生了学生示威，占领了美国驻伊朗大使馆，扣押了52名人质（达440多天），震动了全球。美国希望联合国和各国对伊朗施加压力，释放人质，联合国正在讨论。联合国正在处理的另一问题是：联合国应该承认哪一个柬埔寨政权，以及救济柬埔寨难民问题。美国驻联合国安理会大使彼德里同代表团详细谈了以下问题：

（一）第二次世界大战前，美国不参加"国际联盟"，因为部分美国人不希望卷入国际纠纷，有的人认为美国够大、够强，无求于国际组织。二战后大家觉得需要有一个国际组织，并要使联合国更强有力、更完善。

（二）对伊朗扣留美国人质问题，美国人民的情绪越来越强烈。我们认为联合国应采取行动，但要告诉人民，美国不能单独解决伊朗问题，要靠世界帮助。

（三）美国同古巴和一些非洲、阿拉伯国家的关系紧张，调和非常困难，它们反对美国。我们也同中国一样，愿同发展中国家友好，希望中国担负起领导作用，使发展中国家在和平、繁荣中发展。

（四）美国同中国驻联合国代表团有密切合作关系。中国积极参与柬埔寨问题，希望中国更多参与有些中东和南部非洲的问题。美国希望柬埔寨能出现第三种势力，但是现在还看不到谁代表第三种势力。

关于中美经济关系

代表团除一些传统的观光游览节目外，还观看了一场篮球比赛、参观了纽约的美国证卷交易所、世界最大的制造打印机工厂、中央电子公司、波士顿的"拍立得"照相机厂、北卡罗来纳州的烟草工厂、纺织厂、瘦肉型种猪场和养鸡场等。各州长、市长和企业的负责人都对开展两国的贸易表示了很大的兴趣。

友好的工商界人士在同代表团座谈时说，1978年中美贸易额共11亿美元，其中中国进口8亿美元，70%为小麦、大豆、玉米和棉花，中国贸易逆差大。他们说，中国要享受最惠国待遇一定要加入关贸总协定（注：它是"世贸组织"的前身），中国也要下决心加入保护专利权、版权等几个国际组织，解决同国际货币基金组织和世界银行的关系问题。

关贸总协定1948年生效时，中国就成为协定缔约方。1971年10月，联合国恢复新中国的合法权利后，关贸总协定就于同年11月取消了台湾当局的观察员资格。但是由于种种原因，包括对加入关贸总协定的重要性认识不够，我们一直没有参加它的活动。如果我们在80年代中后期以前，也就是中美有战略关系时解决了这个问题，比起我们在2001年12月加入世贸组织时付出的代价就会小得多（例如中国要到2016年才能取得市场经济地位的问题）。

联邦政府运输部的4个司的负责人同代表团进行了座谈。他们说，卡特总统今年一月签署了美中科技协定；美国很愿意同中国开展运输方面的合作和技术交流。这次座谈不是代表团要求的，但是还是很增长见识的：

（一）美国公路、铁路不是国有的，联邦政府只给补贴或信贷。现在公路运输已占全部运输的50%，主要由州政府掌握。

（二）19世纪时铁路系统非常广泛，1924年铁路货运量占全国货运总量的 72.9%，1977 年降为 36%，货运量为 14 亿吨，客运也减少。原因有成本高、效率低、公路和内河运输竞争激烈，另外百年来全国经济布局有了变化，货运路线也就有了变化。卡特总统不准改变收费规定。三条大铁路已破产。整个铁路系统投资利润率平均不到 1%，有几条赚钱的铁路也仅仅只有 5% 到 9%，而其他工业利润率为 14%。联邦政府每年要补助铁路系统 25 亿美元。

（三）解决困难的唯一办法是铁路国有化。但欧洲等工业国家，由于政治原因，国有化后负债更多了。日本"国铁"，每年政府要补贴 87.8 亿美元，占全国铁路收入的 14%；西德补贴 34 亿美元，占其全国铁路收入的 44%；英国补贴 16 亿美元，占其全国铁路收入的 60%。美国如实行国有化，预计需从人民税收中拿出 100 亿美元，仍解决不了工人失业问题。而且参议员、众议员为了维护本人代表地区的利益，会反对减少本地区的铁路。这种制度本身就有内在的低效率因素，收归国有后低效率会更严重。现在铁路工人平均年收入为 1.85 万美元。

（四）如仍维持铁路私有，办法之一是像 1963 年开始的东北地区铁路改造，例如，纽约到波士顿的路速将从每小时 90 英里提高到 150 英里。

访问增进了相互了解与友谊

代表团出国前的政治准备比较充分，内部既有集中又有民主，人人都提问题、回答问题，都做友好工作。介绍我国和评价对方注意实事求是，不卑不亢。访问日程客随主便，不给主人添麻烦。代表团接触的人大多热情友好，但也遇到个别不和谐的事情。例如，纽约市长当着一批新闻记者提出柬埔寨问题、西单墙问题、人权问题等，共和党青年组织送给代表团的《政治纲领》中有"两个中国"的内容。代表团都心平气和地原则表态但不予纠缠。

美国青年政治领袖理事会强调，组织青年政治领袖的互相访问主要是帮助他们增加政治阅历和国际问题知识，东道主明确表示希望中国不要把访华的理事会代表团看作是"青年代表团"，而是要作为"政治代表团"接待。

（原载《中华全国青年联合会与美国青年政治领袖理事会建立交往30周年—纪念文集》）

1984年三千日本青年来华友好联欢

——一次成功的有宝贵经验的国际活动

近几年来胡锦涛总书记同一些国家领导人和日本政治家会见时，曾多次强调双方青年间友好来往的重要性并达成了不少青年交流的协议。2007年4月温家宝总理访问日本时指出：青少年是国家的未来和希望，也是中日友好的未来和希望。《中日联合新闻公报》宣布，"双方就双向实施两国青少年大规模交流计划达成一致。"

重启1984年中日青年友好联欢后续活动

1984年9、10月，三千日本青年应邀来中国举行中日青年友好联欢。这是两国青年规模最大、影响最大的一次促进两国人民世代友好的群众性交流活动。很可惜的是由于某种原因，1986年底以后，不再提到这次活动，扩大这次重要活动成果的后续工作停止了。

事实证明，1984年那次友好联欢的成果是巨大的。当年参加联欢的日本青年现在已经是五十岁上下的人，他们中的许多人仍自发地积极为日中友好而努力。令人高兴的是，我国全国青联已经邀请200名日本朋友于2007年6月访华，举办"中日青年友好联欢"的后续活动。200人中半数为1984年友好联欢的参加者，半数为参加者的子女。还邀请曾积极响应并推动"中日青年友好联欢"实施的日本前首相中曾根康弘参加这次后续活动。

1984年三千日本青年来华友好联欢

着眼于人民，加强民间往来，发出三千日本青年访华邀请

1982年7月发生了日本文部省修改教科书、篡改日本侵华历史的事件。日教组（日本教职员工会）带头勇敢地起来斗争，坚持应以真实的历史教育日本青少年。我国也进行了必要的斗争。当时邓小平提出：要发展扩大中日两国之间的往来。前一段我们也确有对民间往来重视不够的缺点，要纠正过来。

1983年11月胡耀邦总书记访问日本期间，按照中央批准的方案，根据"着眼于人民、着眼于未来"的精神，在日本青年的欢迎集会上，代表中国人民和中国青年，邀请三千名日本青年在1984年秋访问中国。

在向日方发出邀请之后，中央决定由团中央抓总，对外用全国青联、全国学联、中日友协的名义，还决定成立筹备委员会，由中央政治局委员、中日友协名誉会长王震任主任，王兆国为第一副主任，胡锦涛和刘延东分别任正、副秘书长，负责实际和具体工作的领导。邀请、组成和接待三千人的日本青年代表团是一项非常复杂、细致的工作。在日本，没有一个单位能统一负责和派遣；中方就直接向200多个日本团体、单位发出了邀请。邀请以民间为主，也充分照顾官方，日本全国47个都、道、府、县政府都被邀请了。这样，就把中日友好活动推向了日本全国。对朝野各政党，我们采取一视同仁，同等邀请。不要求各政党的党首担任团长，从而避免了各党派间在日中友好问题上产生纷争。我们完全尊重日方对代表团人选的决定，并且照顾左邻右舍，既有各界的知名人士和一些老朋友的后代，也有国会议员。最后日本220个团体、单位派遣了3017人，组成217个代表团，包括63名记者，其中绝大部分成员是初次来中国的青年。日方认为，中方能把日本各派、各界、各地的三千名青年集结在日中和平友好的

旗帜下访华，是很了不起的。

照顾青年特点，确立正确方针

中央领导同志对这次友好联欢十分重视，总结了历届世界青年联欢节和1965年首届中日青年大联欢的经验，吸取了文化大革命期间接待外宾那种政治说教、强加于人的教训，提出了正确的方针。

胡耀邦总书记先后六次听取了筹备工作的汇报，提出"友好本身就是最大的政治"，联欢活动采取"寓友好于交流之中"，要搞得"轻松、愉快、活泼、多样"。他强调要彻底改变文化大革命时期对外宣传中空洞生硬的政治说教和强加于人的做法；要学习周恩来总理在交朋友时既坚持原则，又富有人情味的外交艺术。王震主任在筹委会上提出，要采取丰富多彩的青年喜欢的活动形式，充分表现中国青年热情、好客、奋发向上的精神。他多次强调要让日本青年通过同中国青年接触和亲眼观察，来了解中国。

国家主席兼中央外事工作领导小组组长李先念对友好联欢也很关心。他说："日本三千名青年访华是件很有意义的事。经费问题，我提议由我方负担为好。"对这次友好联欢的费用，团中央精打细算，整个接待的财政预算是803万人民币。应该说，在当时搞这么大的活动，也是很节约的。王震主任主持了八次筹委会会议，解决了许多困难问题。举行此次友好联欢，没有中央和地方各有关部门的大力协助和支持，要解决交通、安全、住宿（当时各地的旅馆还很少）等问题是不可能的。

团中央对友好联欢的日程和节目进行了精心策划、周密部署，事先征求了日方的意见，对日方150多个代表团提出的800多条活动建议，尽量予以满足。例如：中文日文演讲比赛、围棋对局、集邮、时装表演、茶道、插花、对口交流、文艺演出等。团中央多次派人到外宾要去的六省、市进行实地调查，了解全面情况和每个活动地点的情况。各地根据代表团的特点，安排了同行业友好会见、对口交流、体育比赛、参观游览等丰富多彩、各具特色的活动。日方 200 多个代表团，每个团分别参观一个工厂、一个农村和一个学校，仅参观的大学就有 120 多所。上海有 88 家农户请客人去做客并吃饭。友好联欢从 9 月 24 日到 10 月 8 日在北京、上海、南京、杭州、西安、武汉六大城市举行。3017 名日本青年分四路或从上海入境或由上海出境，高潮是在北京汇合，参加了我国建国 35 周年庆典，观看了阅兵式和群众游行。因此，北京和上海的工作特别繁重。整个联欢活动规模大，气氛热烈，感情交融，活动丰富多彩，突出了地方特点。在北京，王震主任主持了人民大会堂五千人的盛大欢迎宴会，胡耀邦总书记在万人欢迎大会上讲话，会见了日方代表并同三千青年一起在中南海游园。日本朋友还应邀参加了国庆焰火晚会，在天安门广场同几万中国青年一起跳舞、唱歌、联欢。我国国家主席李先念、总理赵紫阳、全国人大常委会委员长彭真、全国政协主席邓颖超等分别参加了上述活动并会见了日本朋友。日本青年来华时，中曾根康弘首相为他们送行并致电祝贺友好联欢的成功举办。

突出"情谊"，消除偏见

在举行友好联欢的 1984 年，日本 39 岁以下的青年人都是 1945 年日本投降后在美军的占领下出生的。他们不了解日本侵略中国的历史，而受到美国反华、反共思想、意识形态以及美国生活方式的影响很深。有的日本青年认为中国"神秘莫测"；有的认为"中国人民生活在紧张和束缚之中，没有个人自由"；有的人认为共产党"不讲人情"。来中国参加友好联欢后，很多人亲身体会到完全不是这么回事。全团有 91 人在中国赶上过生日，身为东道主的我们为他们准备了生日蛋糕，祝贺他们生日，他们感动地说："到了中国真像在家里一样。"聂荣臻元帅派人把他在抗日战争中救助的日本姑娘美穗子的女儿接到家来，共进晚餐。日本著名歌手芹洋子带着两岁的女儿亚美来参加联欢，胡耀邦总书记送给小亚美三件礼物：中式棉袄、奶糖、巧克力。类似的事情不少，看来是小事，但是充满着情谊。

通过友好联欢，深深地触动了日本朋友的心，加深了他们对中国的了解，也加强了中国青年对中日友好重要意义的认识，增进了双方的友好感情，播下了长期友好种子。日方一些原来对中国怀有偏见和疑虑的人表示"要重新认识中国"，认为中国已走上经济建设的轨道，"实现'四化'是完全可以做到的"，"对外开放在经济发展中起了积极作用"。有的日本青年表示"要做日中友好的接班人，要为两国世世代代友好奔走效力。"参加南京那一路联欢的日本代表团成员表示："没有想到在曾发生过大屠杀的地方受到亲人般的接待"，因此更加"深感内疚"，主动举行"日中不再战"的宣誓。在上海机场离境回国的青年中有80%的人恋恋不舍，热泪盈眶。

联欢工作完成得很出色

作为老共青团干部，我认为团中央对这次有三千名日本青年参加的友好联欢工作完成得很出色。当时中国还很闭塞，改革开放才刚开始，通过友好联欢，首先是对中国青年进行了深入的爱国主义和精神文明教育，包括帮助中国青年学会如何同外国青年进行交往。其次各项组织工作也做得非常细致周到。例如，三千人来华前，就知道自己在各地宾馆的房号及参加活动乘坐汽车的车号。

在筹备过程中，团中央编发了面向群众的《中日青年友好联欢宣传提纲》，各地都结合实际情况通过媒体及各种渠道，进行广泛深入的宣传教育。《提纲》除了说明这次活动的重要意义外，要求广大青少年"人人关心联欢，个个都做友好工作"；要以热情、谦逊、文明、友好的态度讲礼貌，注意行为美、思想美、语言美、风度美；要时刻想到自己是伟大的中国人民的一份子，要遵纪守法，不能做任何有损国格、人格的事情，要通过友好联欢，反映出中国青年高尚、文明的精神面貌。对所有接触外宾的青年，不给他们设定"框框"，而是把方针、政策交给他们，鼓励大家主动大胆地和客人交谈、接触，建立友好情谊。这样做使整个联欢活动气氛轻松愉快，取得了良好的政治效果。

联欢前，团中央为各地将近900名工作人员举办了一星期的培训班，对宾馆、汽车、铁路、航空、公安等部门的有关工作人员及外宾参观单位的接待人员，也都根据"提纲"精神进行思想动员和教育。他们都表现出非常可贵、感人的高度负责和顽强拼搏精神。

这次大规模的群众友好联欢活动，直接参加活动的青年有近一百万人。上海有几十万青年自发地甚至夜间十一点钟还在街头欢迎日本青年。在联欢期间，每天围坐在电视机前观看这次联欢活动实况的青年估计有上亿人。在1984年对外开放的初期，有这么多青年受到了一次深刻的教育，初步懂得了加强中日青年友好的重要意义，懂得了如何同外国朋友交往，如何主动做友好工作，改变了过去看到外国人或者回避或者围观看热闹的情况，这是有重要意义的。一大批青年干部更是受到锻炼，增长了对外活动的才干。

由于组织和思想工作严密细致，大家认真负责，三千名日本客人没有一个人发生意外损伤，汽车队伍没有发生交通事故。9000多件（次）行李在接运过程中没有发生差错。客人丢失的50件物品被迅速找回，甚至在天安门广场国庆焰火联欢晚会上失落的4台照相机，也全部找回交还原主。

为落实日、中两国领导人扩大两国青年交流的设想，感谢中方邀请三千名日本青年来华参加友好联欢，日本外务省邀请我国派一百人的青年代表团访日。1985年3月团中央第一书记、全国青联主席胡锦涛率团访日，受到日本"官民一体"高规格接待，特别是参加过友好联欢的日本青年的热情欢迎。中曾根首相亲切会见代表团全体成员。对日中建交做出过重要贡献的公明党委员长竹入义胜和创价学会名誉会长池田大作及社会党书记长等也都会见了代表团。

1985年2月，曾参加三千人友好联欢的日方各团体决定邀请全国青联派五百至一千人的代表团回访，在日本的费用由日方负担。以全国青联主席刘延东为总团长的"中国青年访日友好之船"于1985年10月27日至同年11月12日回访了日本。中国青年代表团有504人，来自29个省、市、自治区和中央各部门，包括了56个民族的青年。代表团访问了日本47个都、道、府、县中的43个。日本200多个青年和友好团体、日本政府有关部门及各政党的负责人，都、道、府、县的知事、议长、市长都参加了会见活动。中曾根首相出席了招待会并致词。曾参加友好联欢的三千名青年更是十分热心积极，并且带动了一大批青年投身中日友好事业。全日本有几百万人直接参加了接待。这种举国一致的欢迎阵势是空前的，也说明了1984年三千日本青年来华参加友好联欢确实取得了很大成就。

现在回过头来看，上世纪八十年代中，中日友好关系出现过的高涨，两国青年的友好交流也是一个不可忽视的组成部分。

友好联欢的经验值得借鉴

三千日本青年来华参加友好联欢虽然已经过去二十年了，现在两国青年各种形式、多种渠道的来往也不少，但是团中央组织实施的1984年那场规模宏大的交流活动的经验还是很宝贵的，特别是需要有一个正确的方针，对青年团员和广大青年进行深入地思想、政治教育，并对所有接待、接触外宾的工作人员进行培训的经验，对于举办大规模群众性国际活动包括奥运会这样的活动，都有不少可借鉴的地方。

（原载《改革开放30年共青团工作——回顾与研究文集》2009年出版、《炎黄春秋》2007年第6期）

胡耀邦外交活动的创新

——随总书记1986年访问英、德、法、意四国

1986年6月8日至23日,胡耀邦总书记应邀访问了英国、联邦德国(简称西德)、法国和意大利四国。这是中国共产党领导人首次以总书记身份正式访问西欧。1986年前后是中国同西欧国家关系很好的时期。

胡耀邦总书记为对外政策重大调整的努力

中央政治局常委、国家副主席曾庆红代表中共中央在纪念胡耀邦同志诞辰九十周年座谈会上讲话,"缅怀他为民族独立、人民解放和国家富强、人民幸福建立的历史功勋,学习他伟大的革命精神和崇高的品德风范",讲到"他为新时期我国对外政策的制定和实施,发挥了积极作用"。

胡耀邦同志"为我国对外政策在新时期的重大调整做出了努力"。针对"三个世界"、一条线战略和强调战争不可避免,他在1981年3月中央书记处会议上提出要奉行独立自主的外交政策及高举反对霸权主义、维护世界和平的旗帜等四个原则,并在1982年中共十二大的报告第五部分以"坚持独立自主的对外政策"为题予以阐述,指出"中国决不依附于任何大国或大国集团","革命决不能输出,基于这样的认识,我们始终坚持和平共处五项原则。"在胡耀邦总书记的领导下,加快了说服有些共产党,搞革命依靠外援是不可能成功的,并作了自我批评;积极发展同亚、非、

拉国家的民族主义政党的关系；1980年邀请意大利共产党总书记访华，开始了同几十个被称为修正主义并中断了十多年关系的共产党恢复关系；胡耀邦总书记提出了党与党关系的四项原则，即"完全平等、独立自主、互相尊重、互不干涉内部事务"，后来被写入了党章。1977年开始，法国、西德、英国、意大利等八国的社会党、社会民主党、工党，曾希望同中共建立关系，当时我党均未予以置理。1981年2月，由密特朗率领的法国社会党代表团应邀访华，回国后三个月，密特朗赢得了总统选举，后来又以总统身份访华。1984年5月底，德国社会民主党主席、社会党国际的主席、前总理勃兰特应邀访华，胡耀邦总书记在欢迎讲话中赞扬勃兰特为维护世界和平推动南北对话的努力，指出当今世界最根本的问题有两个："一个是维护世界和平的问题，一个是第三世界国家的发展问题"，提出了"我们同社会民主党超越意识形态的差异，谋求相互了解与合作"的方针。胡耀邦总书记同访华的外国政党领导人进行了"推心置腹"的深谈，结交了很多朋友，不少人邀请他回访。在密特朗特别是勃兰特访华后，全世界主要的社会党、社会民主党和工党就陆续同中共建立了友好关系。

出访"名义"、陪同人员及访问次序

　　西德、法国、意大利、英国四国的领导人和在野的德国社会民主党及意大利共产党、法国共产党，都邀请胡耀邦总书记去访问。胡耀邦是以"总书记"还是"党和国家领导人"名义去出访？有的同志担心，如果以"总书记"名义，可能不会受到国宾礼遇，有的国家元首、总理可能不好出面接待。但是胡耀邦坚持用"总书记"的名义。实际上当时的顾虑是多余的，后来四国都是以最高规格接待。

　　总书记的陪同人员共6人，他们是李鹏（中共中央政治局委员、国务院副总理）、费孝通（中国人民政治协商会议全国委员会

胡耀邦外交活动的创新

副主席、中国民主同盟中央委员会副主席)、中联部、外交部的负责同志、总书记特别助理,以及驻有关国家大使。

决定费孝通作为总书记出访西欧四国的主要陪同人员,这是恢复了三十年前的做法。1957年11月,毛泽东主席率领党政代表团去莫斯科参加十月革命40周年庆祝大典,副团长是孙中山夫人宋庆龄,成员还包括郭沫若、茅盾(沈雁冰)等知名人士。

由于有些国家除国家领导人邀请外,还有在野党邀请,日程的安排比较微妙。英国撒切尔首相1984年12月访华签署两国关于香港问题的《联合声明》时,就邀请胡耀邦总书记访英,1985年9月又发来正式邀请并确定了时间,因此就把英国作为出访的第一站。主人方面还安排了女王、三位保守党、工党前首相宴请或会见。访问的第二站是西德。勃兰特是前总理,又是社会民主党主席,他到机场迎接总书记一行,然后陪车去参加科尔总理的欢迎仪式。勃兰特除举行大范围会谈,设午宴欢迎,还到我驻德使馆进行小范围会谈,并赶到社会民主党执政的北威州参加州长劳举行的欢迎宴会。第三站法国,当时是两党"共处"政府,总统密特朗属社会党,总理希拉克属保卫共和联盟。希拉克既以巴黎市长名义举行盛大招待会欢迎并举行会谈,又以总理名义宴请胡耀邦总书记。他后来担任了12年总统。法国共产党(以下简称法共)也发出过邀请,但当时处境困难,胡耀邦总书记偕少数人去法共中央本部会见了总书记和法共机关工作人员。第四站是意大利,克拉克西总理当时政治上遇到了麻烦,日程中有将近一天时间由意大利共产党安排活动。

从政治上和节约费用考虑,这次出访特别强调出访随行工作人员要精干,人数要尽量控制。连胡耀邦总书记在内,访英为39人,访德和访法为40人,访意为41人。

关于出访的几个指导思想

这次出访的准备工作比较充分。胡耀邦总书记和陪同人员开了11个半天的准备会议，除了研究出访国家的形势、如何发展两国关系，逐个讨论了讲话稿、宴会稿、会谈内容和答新闻记者的口径。讨论中提出了几个指导思想，强调外事工作也要创新、改革。在出访期间和结束访问回国后，又几次开会总结了这次访问。胡耀邦总书记强调了以下几点精神：

（一）最重要的是在每一个国家作一个好的二、三十分钟简明扼要的讲话，也可以当场回答问题，使外国领导人、各界人士和舆论界对中国内外政策、中国未来发展的方向有所了解，树立中国爱好和平的形象，减少疑虑，从而增强同我国发展稳定的友好合作关系的信心。每个讲话突出一个重点，有针对性，有说服力，不讲套话，要有点文采，少用共产党专用的一些术语。

（二）过去从苏联学来的那种举行二十多人的大型会谈可以搞，但是效果一般。要真正谈点问题，了解点情况，真正交点朋友，促进两国友好，就要多安排一些同各国领导人小型的两、三人参加的深入交谈。因为是由领导人面对面谈，没有本国有不同意见的人在场，没有拘束，又不讲套话，谈话的深度和引起对方重视的程度就不一样。要多学习周恩来总理同外宾谈话的艺术。

（三）同对方谈经济贸易问题要实事求是。现在有的地方和部门的出国代表团，为了赢得对方高规格接待，乱开经济合作的支票，吊别人胃口，最后不能兑现，影响很坏。要告诉对方，哪些事现在可以办，哪些事现在办不到；我们方面存在什么困难，对方应在哪些方面做出努力。这样使对方看到你是可以信任的合作伙伴（注：这次在意大利就对菲亚特汽车厂董事长阿涅利说："本着友好的感情，坦率告诉阁下，中国对小轿车的需要只能逐步增加，几年内想把合作生产小轿车的规模搞得很大有困难"）。

胡耀邦外交活动的创新

（四）要善于通过西方国家的电视等舆论工具来介绍我们的观点和中国的形象。不要怕新闻记者提怪问题。出访前，法国方面曾试探过在访问期间胡耀邦总书记同密特朗总统联合举行记者招待会。这在当时是一个新的问题，我们的同志有些顾虑，怕总书记遇到难堪或受到冷遇，没有同意法方建议。总书记到了法国后，重新研究了这个问题，认为应该充分通过法国的舆论工具面向法国广大电视观众做工作，增进他们对中国的了解。因此他直接与密特朗商量，密特朗很高兴，于是举行了联合记者招待会，结果有二百多记者参加，谈了80分钟。两人在回答记者问题时配合得也不错。这次联合记者招待会是总书记在西欧四国几次记者招待会最成功的一次。以后举行联合记者招待会就逐渐成了我国外交活动中的一个习惯做法。

（五）要注意改变欧洲人对共产党人形象的成见。这次到英国时，听到有的英国人说：共产党总书记的"脸孔是红的"，意思是没有"人情味"。在参观莎士比亚故居时，有一群女中学生坐在草坪上玩，总书记走过去，坐在这些女学生中间，亲切地与她们交谈，引起了新闻记者的惊讶，这是日程安排中没有的。在参观牛津大学时，93岁的原保守党首相麦克米伦校长，在宴会结束后从座位上站立起来和行走时，总书记搀扶了他一下，表示了对老人的尊敬。这些小事被英国舆论注意到了，撒切尔夫人也知道了。英国报纸说，英国人包括女王在内都欢迎这位坦率、讲实话、通情达理的共产党人。原来中国共产党总书记的脸孔并不是"红"的。

在四国访问中四次重要讲话

出国前邓小平同志在看了四次讲话的送审稿后批了：好，没有意见。

四次讲话中最重要的是在英国皇家国际事务研究所发表的**第一次演讲**，由英国前工党领袖、前首相卡拉汉主持。1986年我国改革开放才开始不久，西欧各国对我国政治、经济情况还很不了解。胡耀邦总书记讲话的题目叫做《认识中国未来动向的钥匙》，讲话指出"对有些西方世界的朋友来说，中国似乎是一个'不可捉摸'的神秘国家。""中国究竟将朝着什么方向发展呢？我愿意告诉各位，本世纪以至于下个世纪，中国的基本国策可以用两句话来概括：一是，用改革和开放的政策来促进中国经济的持续稳定发展；二是，用独立自主的和平外交政策来保证建设能够专心致志进行而不致中断。抓住了这条线索，就掌握了认识中国未来动向的钥匙。"讲话强调中国的基本国策是不会改变的，阐述了改革开放的成就、建设有中国特色社会主义的决心，以及独立自主和平外交政策的三个基本点。讲话中比较新颖的一段话是国防与建设的关系。这个观点是邓小平同志提出的，中央文件中也讲过，但是公开讲得这样全面、透彻还没有过，外国人很关注。

在英国的这次讲话，把我们党的内外政策都讲清楚了，讲话不仅是面对英国，实际是面对整个西欧和世界。西方新闻舆论界反映，从这个讲话中找到了邓小平的中国特色社会主义的指导思想的完整概念，而且为专家们提供了研究中国的新的内容。

第二个重要讲话是向德国工商大会作的《中国谋求同欧洲发展长期经济合作》，主要是阐述中国的经济政策，如何使中国同联邦德国以及其他西欧国家的经济合作关系持续稳定发展。1986年时，我国还处在对外开放的初期，几年来我们实际使用外汇只有200亿美元多一点。从1984年下半年起，我国经济有些过热，因此改革步伐稍微放慢了一点，基本建设规模有些收缩，有些西欧人士担心中国的改革是不是遇到了阻力？政策是不是会变？针对这个问题，胡耀邦总书记在讲话中介绍了我国经济发展分三步走的目标，详细谈了改革开放的方针。外国朋友对这次讲话印象很深的话就是："中国已经打开了的大门，永远不会再关上。如果说我们的开放政策还会'变'，那只会越变越完善，越变失误越少；越变越有利于促进经济合作与交流"。胡耀邦总书记在讲话中坦率地提出四条同西德发展经济合作的想法，最后一条是："要开拓多种合作方式,欢迎西欧国家的企业家到中国,包括到省、市、自治区投资,兴办合资企业、合作生产,也欢迎独资办厂,不仅兴办第三产业设施,更欢迎来中国开发自然资源和从事制造行业。"这些话现在听起来很平常,但是在30年前欧洲人觉得很新鲜。

第三次重要讲话是在法国密特朗总统欢迎晚宴上的讲话,主要谈欧洲的联合,也可以说是世界多极化问题。讲话中列举了中法两国在和平与发展这两个当代最根本的问题上的许多共同点。讲话中指出:"一个共同利益基础上联合起来的欧洲,将对制约战争、维护和平的事业产生不可估量的积极作用。"

第四次重要讲话是在意大利共产党罗马省委干部会议上的讲话。意大利共产党(以下简称意共)当时是西方国家最大的共产党。意共作为邀请的东道主之一,除安排纳塔总书记等会谈、举行午宴外,还安排了有意共罗马省委各级干部400人参加的集会,胡耀邦总书记讲了三个问题:(一)中意两党对马克思主义都采取科学的态度,马克思主义必须在实践中丰富和发展,而不是一成不变的僵死的教条;善于做到:既能坚持基本原理,又能摈弃某些过时的或者被实践证明为不适合实际情况的个别原理,而代之以新的原理。(二)两党在国际事务中都能坚定不移地代表本国人民和世界人民的根本利益。以人民的根本利益为出发点的共产党人,必须顺应和代表这一历史潮流,才能发展和壮大自己的队伍。(三)阐述了我党提出的正确处理党与党关系的四项原则。意共中央的两位书记处成员在交谈中谈到:原总书记陶里亚蒂早就认为垄断的、家族的资产阶级已发展成为庞大的资产阶级集团,工人也不是过去"无产阶级绝对贫穷化"的概念。他们还谈到:苏联搞军备竞赛拖垮了经济,美国搞军备竞赛促进了经济。

上面的四次讲话是四国之行最重要的政治或政策声明,还有多次答记者问和宴会的讲话,回国后曾把这些文件汇集出版了一本《访问西欧四国言论集》。事隔30年再来看这本小册子,还是有不少值得学习的地方。

撒切尔夫人宴会上的一个插曲

撒切尔首相的接待还是很友好的。但是她这位有名的"铁夫人"毕竟总要表现一下她坚强的个性。她在宴会讲话中说:"总书记先生,您将访问大英博物馆,具有影响力的十九世纪大思想家——马克思在那里曾度过许多时间。如果您的访问能长一点,我就会建议您也到科克第访问,那是亚当·斯密出生地。马克思经常抱怨他本人并不是马克思主义者,同样,在亚当·斯密分析经济行为的著作中——也被马克思认为是经典之作的《国富论》中也没有直接提到资本主义。"

撒切尔夫人政治上是非常尖锐的,她通过这样的表达方式,是要说"少谈主义"。胡耀邦总书记在答词中,做出了很得体的回答:"亚当·斯密的《国富论》,是近代中国最早翻译成中文的西方重要著作之一。这本著作,高度评价了劳动在价值创造中的重要作用,深刻分析了近代社会的经济生活,因而英国古典政治经济学就同德国古典哲学和法国社会主义学说一起成为马克思主义的重要思想来源。中国共产党认为,马克思主义要发展,仍然应当不断地吸取和概括当代人类文明发展的最新成果。""我们中国人现在所要做的,就是把马克思主义的基本原理同中国现代化建设的实际结合起来,建设有中国特色的社会主义。基于这样的逻辑,我相信,我们两国可以而且应当超越意识形态和社会制度的差异,积极地推进我们之间业已存在的友好合作关系。"

从四国之行看当时西欧的政治动向

访问期间胡耀邦总书记一行同四国总统、总理、副总理、议长、前总统、前首相、重要州长、市长、各政党领袖、经济界人士,进行了接触和交谈。中共中央政治局委员、国务院副总理李鹏还单独同不少内阁成员、部长、经济界人士、企业家商谈。中国人民政治协商会议全国委员会副主席费孝通单独会见了留学生、华侨和华人,到大学发表演讲,同学生座谈。

以下简单谈几点四国之行中看到、听到的情况:

(一)世界多极化趋势在发展。西欧国家离不开美国,但重视欧洲联合,重视维护独立自主。针对美国搞"战略防御计划",也就是"星球大战",西欧国家正在实施在尖端科学技术领域合作的"尤里卡计划",法国公开表示不参加战略防御计划。

西德总理科尔表示:对美国不适当的行动要反对,西德是美国的盟友和伙伴,但不是仆从。德国社会民主党主席勃兰特抱怨美国在一系列问题上不同盟国商量。西德外长根舍说:由美苏两家说了算的时代已经结束了,中国和欧洲必须占有自己的地位。法国坚持要继续进行核试验,密特朗总统说,在核武器问题上要保持独立的决定权,联合的欧洲可以成为世界平衡的重要因素。希拉克总理和外交部长雷蒙还说,法国不同意美国飞机以打击恐怖主义为借口飞越法国领空去轰炸利比亚。

(二)西欧国家普遍关心中国和苏联的关系,对苏联新领导人戈尔巴乔夫寄予一定希望。他们希望美苏能就裁军问题达成协议。他们希望中苏关系不要搞得太紧张,又担心中苏回到结盟关系。

胡耀邦总书记同西欧领导人就共同关心的双边和国际形势交换了意见,介绍了中苏关系的状况,说明中苏政治关系的改善有待于解决三大障碍问题,这就涉及柬埔寨问题。希拉克总理同意中方意见,表示欢迎西哈努克亲王提出的政治解决柬埔寨问题的八点建议。后来希拉克任总统时,柬埔寨和平协议 1991 年在法国签署。

(三)关于两个德国的关系问题,这次谈得不多,科尔总理表示"德国的民族统一,需要几代人的持续努力。"勃兰特主席说:"如果今后几十年,东西欧两部分关系发生变化,也会对两个德国产生影响。那时也许会找到一种新的共处形式。"在那时候,谁都没有想到，三年多以后德国就统一了。

（四）这次出访前，由于发生了苏联乌克兰切尔诺贝利核电站事故，在世界上特别是在和苏联相邻的西欧引起了很大的恐慌。在访问四国时，对核电站应采取什么态度，成为社会上热门问题。法国、英国坚决支持发展核电的政策（法国有60%以上电力来自核能）。意大利有点保留。西德科尔总理的执政党坚持发展核电，绿党坚决反对，社会民主党态度摇摆。香港也有人反对在广东大亚湾修建核电站。在这样的情况下，胡耀邦总书记在记者招待会上明确表示了："中国在核电方面，一定要发展一点，这是大前提。""第一条意见，这是现代化技术，不应该盲目地反对。第二，核能又是危险的技术，需要特别小心，特别谨慎。"这样既讲了真话，又合情合理。

（五）关于梵蒂冈同中国直接接触问题。1986年时，梵蒂冈同111个国家和地区有正式外交关系（包括台湾）。原梵蒂冈驻华公使黎培里因干涉我国内政，1951年9月被南京市军管会驱逐出境。五十年代，我国开展了反对罗马教廷干涉我国内政、破坏天主教三自爱国运动的斗争。1958年后，梵蒂冈对我国作了一些改善关系的姿态，要求同我国接触。1984年和1985年梵蒂冈通过意大利政府要求与我国尽快建立秘密的直接接触。我方曾答复对方，坚持要它在和台湾断交和不干涉我国内政的问题上做出明确承诺，作为直接接触的条件。胡耀邦总书记访意期间，梵蒂冈又通过意方向我国代表团做出答复表示原则上接受两项条件。这件事现在已过了二十年，梵蒂冈始终没有停止对我国渗透和干涉我内政的活动，看来要它做到这一条是很难的。

邓小平同志在听了这次西欧四国之行的汇报后说：很辛苦，访问很成功，主要是方针对头。

在总结这次访问时，胡耀邦总书记总结强调了以下两点：

（一）向中央的报告要多汇报一些欧洲的政治动向问题，提出改进和加强对外工作的建议；不要讲如何受到了"超规格的接待"，如何成功；不要过高估计访问的作用，特别不要说成是什么

"历史意义的访问"。要清醒地看到,由于我们还是发展中国家,不要过高估计中国在国际事务中的作用。

(二)出访期间同各国谈及、承诺和达成协议的政治、经济、文化、科技等具体事项,一定要认真地检查、督促和加以落实。

(原载《炎黄春秋》2008年第1期)

试谈耀邦为我国对外政策在新时期的调整

今天我们在这里纪念耀邦同志诞辰95周年,由于时间有限,我只就耀邦同志在"文化大革命"结束后对调整我国对外战略思想的贡献谈一点情况。

1976年粉碎"四人帮"后,国内工作需要调整,对外工作当然也应该调整。1977年5月,华国锋主席决定向南斯拉夫总统铁托发贺电祝贺他85岁寿辰,随后又恢复了两党关系。南斯拉夫党是1958年国际共运中第一个被我们指责为"现代修正主义"并被中断了两党关系的共产党。这可以说是对外工作第一次拨乱反正,但是很可惜,调整工作没有继续下去。

为什么需要调整对外政策

1977年7月邓小平同志复出后,在对外工作方面,大力落实毛泽东主席"三个世界理论"、联美反苏的"一条线"战略(毛主席1973年同美国基辛格谈话时说:"要搞一条线,就是纬度,美国、日本、中国、巴基斯坦、土耳其、欧洲,共同对付苏联。")1977年11月,《人民日报》发表了大字体、六整版的纲领性文章《毛主席关于三个世界划分的理论是对马克思列宁主义的重大贡献》。文章肯定"我们的时代是帝国主义和无产阶级革命时代";"新的世界大战是不可避免的","要立足于早打大打";苏联社会帝国主义是"比美国更危险的世界战争的策源地",要"结成最

试谈耀邦为我国对外政策在新时期的调整

广泛的国际统一战线，打败超级大国的霸权主义（注：实际上专指苏联）和战争政策。"1978年又向泰国总理重申了毛泽东主席讲过的：哪里有共产党不支持共产党的，不支持革命是不可能的，放弃这个原则，"就等于在苏联社会帝国主义面前放下了武器。"

1978年8月，中日双方经过三年半艰苦谈判，签订了《中日和平友好条约》。日方一直不愿意在条约中写入"反霸条款"，怕得罪苏联，最后同意写入了"任何一方都不应在亚洲和太平洋地区或其他任何地区谋求霸权，并反对任何其他国家或国家集团建立这种霸权的努力"。在谈判条约草案过程中没有涉及台湾问题或钓鱼岛问题，只是在签约前，日本外相知道中国决不会在领土问题上让步，但因为国内有指示，于是在签约前，同邓小平副总理会见时壮胆提出：因为双方有不同主张，希望以后不再发生像上一次的钓鱼岛事件。邓小平说明，那次是偶然发生的事件，渔民们一追起鱼来眼前就没有别的东西了。邓小平说："我们的方针一如既往，就搁置它二十年、三十年好了，我们不会动手的。"1978年10月，邓小平访日并互换了条约批准书。

中美建交谈判从1977年8月开始。1978年12月13日，邓小平副总理基本同意美国驻华大使提交的建交联合公报美方新草案，但公报应重申"反霸条款"。在宣布公报的前一天，即12月15日，美国驻华大使又紧急会见邓小平，要求澄清：一年后"终止"美台共同防御条约后，美国仍将售台武器。邓小平表示不同意，最后同意把美国售台武器问题搁到以后再讨论，不影响发表建交公报。1979年1月28日，邓小平副总理访美，回国路经日本又同日本首相会晤。2月17日至3月5日进行了中越边境战役，以扩大反霸统一战线。3月26日美国国会通过了《与台湾关系法》，宣布美国将继续向台湾出售武器。

胡耀邦同志调整对外政策的努力

胡耀邦同志从他担任中共中央秘书长的时候起，就以无私无畏、对党对人民高度负责的精神着手调整对外战略和政策的一些重大问题。现在能看到的中央正式对胡耀邦在这方面的评价是："为我国对外政策在新时期的重大调整，做出了努力。"以下我试从几方面来谈谈这个问题。

（一）苏联是不是社会帝国主义，是不是要进攻中国？1979年7月第五次驻外使节会议上，一些驻外大使对"联美反苏"的战略提出了不同意见。胡耀邦秘书长在会议讲话中谈了四点"体会"。他说：我们过去说苏联变成了资本主义、社会帝国主义，社会制度变了，现在回过头来看，提出的理由不充分，这个看法必须重新考虑；苏联要打我们，搞大规模的反华战争，占领中国，至少得1000万军队，不是一般的难，而是难上加难。他讲了苏联人民对我友好之心未泯，相当一部分干部也是友好的，对他们必须放开手做工作；边界上我们不能挑衅，那个地方是不能挑衅的；对东欧国家也要做工作。

胡耀邦上述"个人体会"被会议的总结报告否定了，报告说：战争的因素在继续增长，战争要来只能来自苏联，我们要立足于它早来，立足于大打。我们"一条线"的战略，就是国际反霸统一战线。所谓"反霸"，就是侧重反"一霸"，联合"两霸"中间的"一霸"。按照列宁的教导，美国起码是间接同盟军。

（二）胡耀邦同志是中共第一位提出要奉行"独立自主的对外政策"的领导人。1981年3月13日成立了以中央副主席李先念为组长包括赵紫阳、万里等同志的中央外事工作领导小组。3月9日中央书记处会议讨论了外交工作。胡耀邦对外交工作做了全面的分析和论述。他这次讲话的主题是：要奉行独立自主的对外政策，不跟任何一个国家的指挥棒转；我们不要提"联美反苏"，美

试谈耀邦为我国对外政策在新时期的调整

国的霸权主义本性没有变化等等。胡耀邦这次讲话的内容很丰富，盛平主编的《胡耀邦思想年谱》有详细记载。

李先念和外事小组在很多问题上同胡耀邦的观点是吻合的。

1982年9月1日，胡耀邦总书记在中共十二大报告中第五节以"坚持独立自主的对外政策"为总标题，提出"中国决不依附于任何大国或国家集团，决不屈服于任何大国的压力。"后来他又公开说："独立自主就是不同任何大国结盟。"

（三）**在十二大报告中，胡耀邦总书记还指出："革命决不能输出**，它只能是各国人民自己选择的结果，正是基于这样的认识，我们始终坚持和平共处五项原则。"这是中共从1949年建国以来第一次确认"不输出革命"，否定了"革命外交路线"。胡耀邦亲自对一些长驻中国的东南亚国家共产党领导人做工作，对我们过去要他们搞武装斗争作了自我批评，指出"共产党必须依靠人民，独立自主，自力更生。社会主义国家如果口头上说奉行和平共处五项原则，而在行动上输出革命，不仅使社会主义形象受损失，有关共产党的形象也不好。"我们给这些党充分时间转变政策，逐步减少援助直至完全停止援助；领导人员离开中国，年老想留在中国养老的不得再参加反对本国政府的活动。可以说我们处理这个问题是做到仁至义尽的。

（四）**胡耀邦是最先提出和平与发展是当今世界最根本问题的领导人**。1984年5月，胡耀邦在欢迎联邦德国社会民主党主席、社会党国际主席勃兰特讲话中指出："什么是当前最重大的国际问题呢？在我们看来，当今世界上最根本的问题有两个，一个是维护世界和平问题，一个是第三世界国家的发展问题，也就是通常所讲的南北对话和南南合作问题。"这是我党第一次否定沿用了多年的当今时代的根本问题是"战争与革命"的论断。中央后来又概括为"和平与发展是当代世界的主题"。

邓小平谈对形势判断和对外政策"两个转变"

　　1983年3月2日，邓小平同志关于"战争迫在眉睫"的判断有了改变，他在同几位中央领导同志谈话时说："现在的问题是要注意争取时间（建设），该上的（项目）要上，大战打不起来，以前总是担心打仗，现在看，担心得过份了，我看至少十年打不起来。"

　　1985年6月，邓小平同志在中央军委扩大会议上讲话时说：粉碎"四人帮"后，我们对国际形势的判断和我们的政策有两个转变：第一个是改变了战争不可避免，而且迫在眉睫观点。第二个转变是过去"针对苏联霸权主义的威胁，我们搞了'一条线'的战略，就是从日本到欧洲一直到美国这样的'一条线'，现在我们改变了这个战略"。

　　关于"第二个转变"，在实践中又经历了几年时间。1988年第三季度，邓小平同志认为苏联已基本解决了改善中苏关系的"三大障碍"，即：一、苏促越南从柬埔寨撤兵；二、苏从阿富汗撤兵；三、苏从中苏边境、蒙古撤兵。1989年5月苏联共产党总书记戈尔巴乔夫应邀访华，邓小平同志宣布了两国两党关系正常化。这时，戈尔巴乔夫在对苏共自我摧毁和西方和平演变政策已取得很大成功，苏联迅速走向解体，世界格局发生根本变化，1989年6月以后，中国逐渐取代苏联成为美国等西方敌对势力遏制、西化、分化的主要对象。

　　今天没有时间来谈中央正式评价中关于胡耀邦总书记对发展我党同其他国家共产党、社会党、民族主义等政党关系以及他为增进中国人民同各国政府和人民相互了解和友谊的贡献，也没有时间来谈他的外交创新包括以身作则学习周恩来总理深入交朋友、不忘老朋友的外交风格。1983年访日时，根据中央批准的方案，他代表中国人民和青年邀请3000名日本青年1984年来华，成功地举行了友好大联欢,但在 1986 年底却被指责为是一个错误。从此再也不提到这次影响很大的活动,后续工作停止了。令人欣慰的是胡锦涛总书记批准邀请日本 200 名友好联欢的参加者或他们的子女包括原首相中曾根,于 2007 年 6 月访华,成功地恢复了"中日友好联欢"的后续活动。现在我国领导人同外国领导人都把大规模的青年交流作为发展两国友好合作关系的组成部分,胡耀邦同志在这方面可以说是首创的。

胡耀邦同志为我国对外政策在新时期的调整的巨大贡献应该载入史册。他永远活在中国人民心中。

(原载《中国为什么要改革——回忆父亲胡耀邦》2011 年出版)

国际共运危机和西方对华制裁

2009年是新中国成立60周年，我们经历了一场没有预料到的世界金融风暴的巨大挑战。二十年前建国40周年时，我们也曾遭遇到两场有区别也有联系的国际风暴的严重冲击。一场是国际共产主义运动的危机，苏联和东欧社会主义国家共产党的改革变成了自我摧毁，苏联迅速解体为俄罗斯、乌克兰等15个独立的国家。世界格局发生了根本改变，社会主义中国成为美国等西方国家要遏制、西化、分化的主要对象。另一场风暴是1989年6月起，美国等西方国家对中国实施了连续多年的制裁，施加了极大压力，企图对中国"以压促变"。

社会主义各国从一开始就面临改革问题

1945年，以苏联为主力的反法西斯力量取得了第二次世界大战的胜利，苏联红军解放了南斯拉夫、波兰、东德、匈牙利、捷克斯洛伐克、保加利亚、罗马尼亚、阿尔巴尼亚和朝鲜。这些国家在苏联的推动下按照苏联模式走上了人民民主、社会主义道路，加上蒙古、中国、越南、古巴形成了占世界总人口1/3、陆地面积1/4、工业产值超过1/3的以苏联为首的社会主义阵营。1957年全世界共产党在莫斯科举行代表会议，毛泽东主席在会上宣称：国际形势的特点是"东风压倒西风"，社会主义力量对帝国主义力量占了压倒性的优势。这个估计是过头了，但二十世纪五十年代是国际共运最兴盛的年代。

国际共运危机和西方对华制裁

现在回过头来看,社会主义阵营内部关系,从一开始就存在着两个问题:

(一)一些国家的共产党想按照本国实际情况建设国家,试图改变苏联的模式,用现在的话就是"调整"或改革。不能否认,苏联的经济、政治体制对于苏联迅速发展工业、战胜德国法西斯和二战后的恢复重建,曾经起到过正面的作用,但是其政治、经济体制不是适应所有国家,另外还存在着严重缺陷。苏联模式的主要毛病有:政治上缺乏民主,制造了许多冤狱,经济上急于搞单一的公有制,僵化的计划经济,片面的发展重工业忽视农业和轻工业,造成市场供应紧张,特权和腐败严重,经济和人民生活水平越来越落后于西方国家,社会动荡不安。

(二)不少社会主义国家共产党要求独立自主,维护民族利益。这同"无产阶级国际主义"及"工人阶级无祖国"的理念,以及社会主义阵营要"以苏联为首(为领导)"是有矛盾的。

最早出现要按照本国国情建设社会主义和要独立自主苗头的是南斯拉夫共产主义联盟,结果在1948年被苏共开除出"九国情报局"。中共当时对开除的决定表示了支持,刘少奇发表了《论国际主义与民族主义》的长文。1949年新中国成立后,到1955年才同南斯拉夫建交。

1956年10月,波兰、匈牙利事件时,我们批评了苏联的大国主义,(但是我们没有认识到波兰、匈牙利改革的急迫性),支持苏联出兵推翻了匈牙利才担任了几天总理的纳吉政府。波兰、匈牙利事件后,我们认为主要危险已不是教条主义,而是修正主义,我们"左"的思想到"文化大革命"时期达到了顶峰。

1968年8月,苏联出动了25万华沙条约组织部队镇压了捷克斯洛伐克共产党第一书记杜布切克领导的被称为"布拉格之春"的改革尝试,我们指责苏联是"社会帝国主义",同时又批判"布拉格之春"是搞"修正主义"。

在上述有些事件中,有西方反社会主义势力不同程度的插手,这并不奇怪,因为1953年担任美国国务卿的杜勒斯就开始鼓吹

"冷战",并首先提出对社会主义国家进行"和平演变"的理论和政策。20世纪六十年代,我们在反对苏联"修正主义"的大论战中发表的《九评》,错误地认为苏联和南斯拉夫在复辟资本主义,它们已不是社会主义国家,具体罪状有:学习美国资本主义经营方式、搞市场经济、自由竞争、利润原则、引进外资、加工进口零部件、出口原料和私人企业在发展等等。

在那场国际反对"修正主义"的斗争后,我党同苏共和大部分东欧国家的共产党断绝了关系。文化大革命结束后,1978年,中共同南斯拉夫共产主义联盟首先恢复了党的关系。1983年7月起,我党按照实事求是原则逐步承认东欧的波、匈、捷、保、东德五国是社会主义国家,这样做有利于做这些国家人民的工作和发展与这些国家的关系,对于我党研究和借鉴这些国家经济建设的经验教训也有好处。1989年5月,苏联共产党总书记戈尔巴乔夫应邀访问中国,邓小平同志同他会谈,实现了两国、两党关系正常化。

1989年国际共运的危机

中国共产党与苏共、东欧各国共产党关系正常化,人们都很高兴。经过了二十年的分裂、敌对,社会主义国家终于开始恢复了友好关系(虽然友好的基础已不是"国际主义",而是和平共处五项原则)。人们又看到国际共产主义运动的阳光。但是没有人预料到,在1989年短短的一年中,东欧和苏联发生了剧变。

1985年3月戈尔巴乔夫担任了苏共总书记后,开始推行加速发展战略和经济体制改革,遇到了很大的困难。1987年11月,苏联和美国的出版商,分别用俄文和英文出版了戈尔巴乔夫撰写的《改革与新思维》一书。这本书轰动了全世界,中国也内部发行了中文版。苏联的改革重点开始从经济领域转到政治领域。

1988年6月,苏共第十九次全国代表会议,把经济改革停滞

国际共运危机和西方对华制裁

不前的原因归结到党的"官僚机构"的阻力，正式决定把改革重点转移到政治体制上来。在"民主化"、"多元化"、"公开性"的方针指导下，苏联几乎全部主要媒体，都不受限制地丑化苏联与苏共的历史与现实。苏联的改革从"完善社会主义"迅速转变为"根本改造整个社会主义大厦"，全盘否定与摧毁现实的社会主义制度，削弱、取消苏共的领导地位。再加上长期以来党内的腐败和特权，脱离群众，党和人民的思想陷入极度的混乱。社会、经济及民族间矛盾爆发，社会动荡，黑社会势力发展。当时美国报刊曾说：苏联已经成了全世界反共、反社会主义宣传的"权威发源地。"美国前总统安全事务助理布热津斯基在《大失败》一书中说：戈尔巴乔夫的"新思维"，"瓦解了世界共产主义共同的马克思主义理论"，使苏联的社会制度"失去了存在的理由"。美国等西方国家，加紧利用各种现代化的传媒，逐渐左右苏联、东欧国家的舆论导向，利用西方的经济优势进行渗透、诱压，向反对派提供活动经费，甚至派出顾问进行指导，利用"人权"施加压力，干涉有关国家内政。

戈尔巴乔夫"新思维"、"多元化"、"民主化"的引导、推动，促使一些东欧国家首先是波兰、匈牙利共产党自动放弃了党的执政地位，或者把一些不接受苏共"改革"模式的国家的共产党领导人搞下了台。

波兰早在1980年，因政府大幅度提高副食品价格为导火索引爆了全国性大罢工，波兰反共的"团结工会"应运而生，受到西方政治势力包括天主教梵蒂冈的公开支持。1982年"团结工会"被禁止，1983年西方授予"团结工会"主席瓦文萨"诺贝尔和平奖"，被波兰政府军事管制了19个月的团结工会重新活跃起来，1988年发动了两次大罢工。处于困境的波兰当局步步退让，1989年1月在波兰统一工人党（注：即共产党）的十中全会上，党的领导竟然强行通过了关于实行政治多元化（多党制）和工会多元化的决定，随后举行的大选，统一工人党惨败，反对派大获全胜，开创了一个共产党执政的社会主义国家主动向反对派让权的先例。

1990年1月，统一工人党十一大宣布了"党结束了在国家生活中的存在"。

匈牙利执政的社会主义工人党（注：即共产党）同波兰一样，1988年5月，党的全国代表会议通过了关于社会主义多元化、政治民主化的纲领，出任了30多年总书记的卡达尔等主要领导人下台，一批"激进改革派"掌握了最高领导权。1989年2月，匈牙利社会主义工人党中央全会又做出实行多党制的决定，提出要创造民主社会主义的新模式。结果党自身四分五裂，社会上各种反对党、反对派组织不断出现。1989年10月7日，匈牙利社会主义工人党召开第十四次代表大会，决定将党改建为社会党。10月18日，匈国会通过宪法修正案，改变国名，取消了有关社会主义和马列主义政党领导作用的条文。

1989年12月初，苏共总书记戈尔巴乔夫同美国总统布什在马耳他岛举行了重要的会晤，苏美对抗的因素在弱化，合作的因素在增长。1989年12月16日，罗马尼亚西部城市蒂米什瓦拉发生了匈牙利族新教神父（持不同政见者）所在教堂，反对地方当局强行迁居的群众示威，矛头很快指向反对齐奥塞斯库总书记兼国家总统，并采取暴力行动。示威迅速蔓延到首都和其他城市。同年12月20日齐奥塞斯库中止了对伊朗的访问回国，下令出动军警驱散游行队伍，对峙冲突中造成人员伤亡。关键时刻罗马尼亚国防部长和军队倒戈。12月22日，齐奥塞斯库夫妇被捕。12月25日，特别军事法庭以屠杀人民、危害国家、破坏国民经济等五大罪状判处齐奥塞斯库夫妇死刑并立即执行。"一夜"之间，齐奥塞斯库惊心动魄地被捕并被处死，对中国有很大震撼，因为齐奥塞斯库总书记一直对苏联持独立性，在中苏对立的年代一直同中国友好。

国际共运危机和西方对华制裁

苏联的剧变与解体

东欧的剧变，反过来加快了苏联的剧变。波罗的海三个加盟共和国起了催化的作用，1989年12月，立陶宛共产党宣布脱离苏联共产党而独立。1990年1月，戈尔巴乔夫在访问立陶宛时首次公开表示"实行多党制也不一定是灾难"。1990年2月5日至7日，苏共中央召开中央全会，通过了将提交苏共28大讨论的纲领草案，删去了宪法有关苏共领导地位的条文，实行多党制；把"人道的、民主的社会主义"作为苏共今后的行动目标，来代替27大党纲的"共产主义"目标；重新考虑民主集中制问题；实行总统制等等。西方对二月全会的结果狂喜，声称要给戈尔巴乔夫发诺贝尔奖，外国舆论说："列宁在天之灵也要为苏共的变质而哭泣"（日本产经新闻1990年2月9日社论）；"戈尔巴乔夫迫使他的党选择了自杀"（法国费加罗报1990年2月8日文章）；"苏共放弃党的领导地位等于自杀"（比利时金融时报）。

1990年3月戈尔巴乔夫任苏联总统，国家的权力向总统转移。同年7月，苏共第28大正式决定改造党，使党向议会党发展。1990年2月起，拉脱维亚、立陶宛、爱沙尼亚率先宣布脱离苏联而独立。叶利钦在1990年5月担任了苏联的主心骨俄罗斯联邦最高苏维埃主席，6月12日俄罗斯发表了主权宣言，后来这一天被定为俄罗斯独立日。1991年7月10日叶利钦就任俄罗斯总统。戈尔巴乔夫的苏联总统地位名存实亡。

1991年8月19日发生了"八·一九"事件，主张防止苏联解体的一些党和国家领导人，成立了"国家紧急委员会"，宣称要使国家走出戈尔巴乔夫发动和开始的"改革"政策的"死胡同"。美国驻苏大使事先将有关的情报向戈尔巴乔夫作了通报。"国家紧急委员会"没有采取任何"紧急"措施。在美国等西方国家的公开支持配合下，叶利钦、政治局委员雅科夫列夫以及谢瓦尔德纳泽外长等组织了反击。不到三天,"八·一九"事件就失败了。叶利钦和戈尔巴乔夫联手把这次事件称为"政变",接着对苏联共产党搞大清洗、大迫害,一些"国家紧急委员会"的有关人员,有的自杀、大部分被捕。8月23日叶利钦首先宣布停止俄罗斯共产党的活动。8月24日戈尔巴乔夫辞去了苏共总书记的职务并宣布解散苏共中央。有93年历史、执政74年、有1500万党员的苏联共产党被彻底摧毁。1991年12月8日,俄罗斯总统叶利钦同乌克兰、白俄罗斯领导人发表了共同声明,宣布:作为国际法主体的苏联"已不复存在"。美国尼克松总统曾写过一本书:《1999不战而胜》,这个战略提前10年就告完成了。

东欧的剧变,特别是世界上第一个也是最强大的社会主义国家苏联的剧变和解体,对中国共产党人是极大的冲击。当时我们还面临西方对中国进行政治、经济、军事等各方面制裁的严峻形势。很多党员、干部、人民群众特别是老同志非常悲痛、义愤,对国际共产主义运动前途十分担忧。有的同志认为我们党不能沉默了。理论界、学术界有的人认为:是"修正主义"导致苏联的剧变,提出要肯定二十世纪六十年代反修大论战时发表的《九评》。还有人认为东欧、苏联剧变要从"社会民主主义"思潮中找根源,因此要组织人写出类似《九评》这样的大批判文章,公开批判《新思维》和"人道的民主的社会主义",并指责我们党同外国社会民主党开展党的来往是错误的。

我们不能肯定《九评》,因为这将导致对我国改革开放的否定,会造成不安定。按照和平共处五项原则,特别是"互不干涉内政"的原则,我们也不能公开批判外国和外国政党,公开批判还必然会涉及对于社会民主主义等问题的争论,从而影响中共同世界上各个社会民主党(社会党、工党)和中国同社会民主党执政的国家的关系。关键是我们自己要把国内的事情做好。(情况的发展也说明,后来俄罗斯实行的并不是什么民主社会主义。俄罗斯在1999年的GDP降为1989年的一半,三分之一的老百姓生活处于贫困线以下,寡头攫取了大量的国有资产)。

胡锦涛同志在党的十七大报告中指出：要坚定不移发展社会主义民主政治；政治体制改革作为我国全面改革的重要组成部分，必须随着经济社会发展而不断深化；坚持党的领导，不断推进社会主义政治制度自我完善和发展；深化政治体制改革必须坚持正确的方向。

1989年起美国带头对华制裁

二十世纪八十年代是中国同西欧和日本关系最好的时期。美、中在1979年1月1日建交后，美国国会于同年3月26日通过了《与台湾关系法》，美国继续卖武器给台湾。中、美经过一年多的艰难斗争后，于1982年8月，达成了"八·一七"公报，两国关系也逐步发展。当时美国等西方国家同中国关系有较快发展的原因，主要是经济上互有需要，外交上有类似的战略目标；此外西方有的人对中国改革开放还有一种幻想，认为它必将导致中国放弃社会主义走向西方式的资本主义。

1987年6月18日，美国国会众议院通过了关于中国"人权"和中国在西藏"侵犯人权"的修正案。1987年9月，达赖应邀访美，在美国发表演讲宣称西藏是一个"独立的国家"。1987年至1989年在拉萨制造了多起骚乱事件。

1989年6月4日起，CNN、"美国之音"、BBC等西方媒体连续很多天每隔几分钟滚动播出谴责中国的所谓"天安门事件"的新闻和画面，掀起一股从未有过的反华浪潮。

1989年6月5日，美国总统布什宣布了对中国实施制裁的5项措施，主要是：

（一）暂停一切武器销售和商业性出口；

（二）暂停两国军事领导人之间的互访；

（三）同情地重新研究中国留学生要延长逗留美国时间的请求。

6月20日，布什又下令：

（一）美国将寻求世界银行和国际货币基金组织等国际贷款机构，推迟向中国提供考虑中的新贷款。

（二）美国政府官员中断与中国政府官员所进行的助理部长及以上人员接触。

美国国会还先后通过20多项干涉中国内政的议案，严重地损害了美中关系。与此同时，几乎所有西方发达国家的政府都纷纷谴责中国、对中国实行类似的制裁。关贸总协定（世贸组织前身）和世界银行，也宣布对华制裁措施。1989年7月16日，七国首脑会议（后来加上俄罗斯，称八国集团）发表中止对华高层接触及延缓世界银行的贷款等制裁的声明，西方对中国的制裁达到了高潮。

在谴责中国的问题上，西方国家议会比政府更激烈。政府从现实利益出发，还要考虑长远的经济、政治利益。议会又同政党分不开。一些西方国家的社会民主党和共产党，对中国态度很激烈，它们或组织群众游行，或发表声明支持对中国制裁，或宣布同中共暂停来往。

1989年6月12日，美国政府决定，除中止一切对华军售外，暂停中美军事技术合作项目。欧共体（欧盟）国家也宣布对华实行武器禁运。一直到二十一世纪的今天，美国仍阻止欧盟国家对华军售。

我们同西方国家副部长以上人员的政治来往基本上停止了。我们不少驻西方国家大使馆原来"门庭若市"，突然变成了"坐冷板凳"。中国代表团路过法国，法国不颁发过境签证。很多国家撤走了在华专家。世界银行的20亿美元贷款、亚洲开发银行的5亿多美元贷款以及日本第三批折合58亿美元的政府贷款都停了下来。美国还提出，要取消同中国的最惠国待遇（所谓"最惠国待遇"实际上只是正常贸易或非歧视性贸易，如没有这个待遇，税就高到很难进行贸易了）。美国取消了出售15架波音飞机的合同。当时中美间最大的军事技术合作项目是美国帮助改造歼八飞机，价格达到 8 亿美元，由于美国毁约，白白损失了已经投入的资金，迟迟才被迫同意把送去改造的飞机拿回来。

1992 年 9 月，布什政府决定卖给台湾 150 架 F16 战斗机，总金额 58 亿美元。法国在 1991 年向台湾出售价值约为 27 亿美元的 6 艘护卫舰。

1989 年 6 月后，到中国来的外国公务、经贸人员和游客骤减。有一段时间，北京的五星级饭店一晚上只要 10 美元还包括早餐，但是很少有人住。

（以上有的数字没有找到原始材料核对，可能有出入）。

总之，1989 年 6 月以后，西方的制裁给我国造成很大的困难，大有乌云压城城欲摧之势。

坚持原则，多做工作，打破制裁

"在国际局势剧变的的情况下，党按照冷静观察、沉着应对的方针，坚持把注意力集中在办好我们自己的事情上"。对美国和西方的制裁采取分别对待，多做工作，进行有理、有利、有节的斗争。中国外交部多次声明，全国人大和全国政协也发表声明，反对对中国施加压力、反对干涉中国内政。中央对外联络部做了工作，使 1989 年 6 月 20 日召开的社会党国际第 18 次代表大会没有通过专门反对中国、禁止同中共来往的决议。

1989 年 7 月，针对美国阻止中国留学生回国的措施，中国提出了取消 1990 年根据富尔布莱特计划向美国派留学生的计划，停止接受美国派来"和平队"的计划，拒绝"美国之音"派来替补记者等。

美国带头提出停止同中国的高层接触，但是美国布什总统却一再给邓小平同志来信，并在 1989 年 7 月和 12 月两次派总统安全事务助理斯考克罗夫特访华同邓小平同志会谈。美国这样做的目的，一方面是摸底并施加压力，另一方面想解决某些需要解决的问题（方励之夫妇1989年6月后一直在美国驻华使馆"避难"问题；巴黎正在举行柬埔寨问题国际会议）。邓小平同志对斯考克罗夫特说："中国没有触犯美国，美国直接触犯了中国的利益和尊严"，"解铃还需系铃人"；"中国的内政决不允许任何人加以干涉"。在斯考克罗夫特第二次访华前，1989年11月10日，邓小平同志在会见访华的前国务卿基辛格时提出了"一揽子解决中美关系纠葛的建议，并请他回国后向布什总统转达，建议包括：

（一）在一定前提条件下，解决方励之问题，让方励之夫妇离开美国使馆，到美国或某第三国去。

（二）美国采取适当方式，明确宣布取消对华制裁。

（三）双方共同努力，争取在较近期内，落实几项较大的中美经济合作项目。

（四）建议美方邀请江泽民总书记于第二年适当时间正式访美。"（注：以上谈话见《外交十记》）。

七国首脑会议成员中最先放松制裁的是日本，由于西方国家经济不景气，日美矛盾比较突出。1990年1月，中国国家计划委员会主任邹家华访问日本。同年4月，日本执政的自民党国际局（部）长爱知和男访华，并邀请中联部部长7月1日访日。这次访问建立了两国执政党的友好关系，海部俊树首相在会见中联部部长时说：他7月10日出席西方七国首脑会议时将积极主张"不应孤立中国"。他随即在七国首脑会议时宣布，日本决定恢复第三批对华日元贷款（8100亿日元）。1991年，海部俊树又是西方对华制裁后第一位访华的政府首脑。随着中日关系的修复与突破，西班牙及其他西欧国家陆续放松了制裁。

在各国社会民主党中日本社会党在1989年9月第一个同中共恢复了来往。奥地利社会党是第二个。1990年10月奥地利社会党议会党团主席菲舍尔（现任奥地利总统）安排政府内政部长同应邀访奥地利的中联部部长会见。

反对制裁的斗争经历了很长的时间，我们开展了全方位、积极的外交工作。1990年，我们同中断了二十多年外交关系的印度尼西亚恢复了正常关系，并同新加坡建交。

随着东欧和苏联剧变，有些西方国家特别是美国以为中国也会像多米诺骨牌一样随着倒下，对华施加了很大压力，开始出现了形形色色的"中国威胁论"。差不多每年我们都要在联合国人权委员会会议上进行斗争，反对讨论谴责中国的提案。每年都要为争取美国国会延长对华最惠国待遇问题花费很大的力量。1989年12月，西方赐予达赖"诺贝尔和平奖"；1991年布什总统开了接见达赖的先例；1993年以后，达赖访问美国的频率加快，最多一年达三次；克林顿总统曾5次接见达赖，小布什总统4次接见。1993年7、8月份，发生了震惊世界的"银河号"事件，美国无中生有地指控中国货轮"银河号"装载有化学武器的原料运往伊朗，它出动了多艘军舰、飞机，迫使"银河号"在海上漂流十多天后停靠达曼港，对船上全部628个集装箱开箱检查，结果根本没有什么化学武器原料。1995年5月，克林顿总统宣布允许李登辉到美国访问，打破了将近17年的不让台湾最高层领导访美的限制。

1997年和1998年，江泽民主席和克林顿总统实现了国事互访。美国对华高层互访的禁令算是划上句号。但是不久又发生1999年轰炸中国驻南斯拉夫使馆事件、2001年南海上空美侦察机撞落中国飞机事件。

二十年前的国际共运危机和西方对华制裁，没有把中国压垮。相反，中国坚持了中国共产党的领导和建设有中国特色社会主义的道路。中国的经济有很大发展，国际地位有很大提高。但是中国仍是并将长期是一个发展中国家。美国和西方国家在金融危机问题上要借助中国，但是它们遏制、西化、分化中国的战略不会改变。我们要有忧患意识，坚持"韬光养晦"的战略方针。

（原载《炎黄春秋》2009年第11期）

中日关系六十年
(1945—2006) 的一些大事

中日关系是我国对外关系中一个非常重要的问题。在两国两千年交往的历史中，两国人民和睦相处，友好交流相互学习，对东方文明做出了贡献。日本1868年明治维新后，很快走上对外扩张侵略的道路，1894年发动甲午战争、占领了台湾，日本侵略中国半个世纪给中国人民造成了深重的灾难，也给日本人民带来了巨大的苦难。

严格区别日本人民和军国主义

日本侵略军在侵华期间，凶恶、残暴地杀害了无数中国军民。但是中国共产党一直把日本广大人民同少数军国主义分子加以区别，并且采取了有巨大魄力和深远战略眼光的政策，对日军俘虏非但不杀，相反给予优待，对他们进行教育改造。这样做不但对我国的军队和人民群众需要做繁重的思想教育工作，而且对深受军国主义毒害的日军俘虏也要做艰巨的工作。

日本共产党（以下简称日共）在国内英勇地开展了反对日本侵华的斗争。1940年日共中委野坂参三到延安，协助我党对在华日军俘虏进行思想教育。不少经过教育的人参加了八路军、新四军，发挥了应有的积极作用。

中日关系六十年（1945—2006）的一些大事

1948年的"反美扶日"运动

1945年日本投降后美国占领和控制了日本，公开庇护法西斯势力，保留军事工业，实行"资本美国、工业日本、原料中国"的计划，向中国倾销商品，竭力扶植日本成为美国控制远东的工具。1948年4月，中共中央发出"反对美帝国主义者扶植日本侵略势力复活"的号召，一场声势浩大的有学生、工人和文、教、工商各界人士参加的"反美扶日"运动，从上海发展到其他国民党政府统治区。

1951年2、3月各大城市集会、游行，4月全国3.39亿人投票，反对美国重新武装日本和片面对日媾和。

1951年9月8日，不顾中华人民共和国和苏联的反对，美、英等国在旧金山签订了单独的对日和约。美国还同日本签订了安全保障条约，据此美国有权在日本长期驻军。1952年4月，日本政府不顾社会党、共产党等反对，又同台湾建立了所谓外交关系，签订了日、台和平条约。对美、日以上的做法，我国一再表示了坚决反对，周恩来外长多次发表了声明。

1955年推动中、日关系正常化的尝试

新中国成立后，日本民间要求对华友好、开展贸易的呼声很高，日本成立了日中友协等一大批友好组织。毛泽东主席决定对日本采取"着眼于人民、寄希望于人民"的战略思想，周恩来总理提出"民间先行，以民促官"的对日方针，并亲自出面做了大量日本各界人士的工作。这成为新中国对日关系的一个重要特点。

1952年3月，日本前参议员帆足计和另两位议员不顾美国禁运和日本政府阻挠，绕道来到中国，双方签订了第一次中日民间

贸易协定，金额3000万英磅，打开了中日交往的大门。

1953年起，中日工会、青年与妇女组织、友协、和平团体等民间交往蓬勃发展。缔结了民间渔业、文化交流等有关协议。

1954年10月，李德全、廖承志率中国红十字会代表团访日，向日本红十字会送交在华的日本战争犯罪分子的名单，并同日方进一步商讨日侨、华侨回国的问题。这是新中国派出的第一个代表团，在日本第一次掀起了"中国热"。

1956年，最高人民检察院分三批对1017名日本战争犯罪分子免于起诉，即行释放。至1955年7月，已有2.9万名日侨回国。不少回国的旧军人和侨民为日中友好发挥了不可替代的作用。

新中国建立后，我们执行毛泽东主席"打扫干净房子再请客"的方针，不急于同美国等帝国主义国家建交。但对日本，中央采取了灵活的政策。1955年4月万隆亚非会议期间，周恩来总理同日本政府代表高崎达之助和各党派代表进行了谈话。1955年8月17日，周恩来总理向日本记者说明：中国虽坚决反对对日旧金山和约，但这并不妨害促进两国关系正常化直至缔结中日之间和约。周总理还表示欢迎日本首相鸠山一郎或者他的代表访华。1955年10月毛泽东主席在接见日本国会议员访华团时强调，中日关系很长，吵过架，打过仗，这一套可以忘记，应该尽一切办法，让美国人的手从日本缩回去，中日应该互相帮助，互通有无，和平友好，文化交流，建立正常关系。一直到1956年底，中国政府曾多次建议中日两国政府就促进关系正常化问题进行谈判。鸠山首相也多次表示过访华的意愿。但是当时日本政府由于受到美国压力，不敢同我国进行官方谈判。

1957年岸信介政府恶化日中关系

1957年2月，曾任东条英机内阁工、军需大臣和伪满州国总务厅次官、战后被定为甲级战犯嫌疑人的岸信介在美国扶植下担任首相，他改变了鸠山、石桥内阁的积极对华政策，在政治上进一步实行亲美、敌视中国、制造"两个中国"的政策，破坏第四次中日贸易协定。1958年5月2日发生了在长崎举办的中国邮票、剪纸展览会上，纵恿暴徒撕毁中国国旗的事件，极大地伤害了中国人民的感情。

我国决定对岸信介政府在政治上要孤立、打击，在经济上停止了1952年开始的中日民间贸易往来。

1960年起大力支持日本人民反美斗争

1960年1月，日美签订了新日美安全保障条约，美国继续有权在日本驻军并使用军事基地。日本社会党、共产党、工会组织、日本广大人民开展了声势浩大的反对新日美安全保障条约的爱国斗争。中国也举行大规模群众集会和示威。**1960年6月，毛泽东主席发表谈话，提出：美帝国主义是中日人民的共同敌人；取消日美安全保障条约，取消美国军事基地，日本的独立与和平就会有保证。1960年10月12日，积极领导反对新日美安全保障条约斗争、1959年访华时提出"美帝国主义是日中两国人民的共同敌人"的社会党委员长浅沼稻次郎遇刺身亡，中国人民强烈谴责了日本右翼的暴行。1964年1月26日，日本人民开展了大规模示威，反对美国核飞机和核潜艇进驻日本、要求归还冲绳、废除新日美安全条约**。毛泽东主席发表谈话表示坚决支持，北京100万人举行声援大会。

日本人民的抗议运动，迫使美国总统艾森豪威尔取消了原定对日本的访问，岸信介也不得不于1960年6月下台，让位给池田勇人。1964年11月，岸信介的弟弟佐藤荣作出任了近八年首相。

互设半民半官的备忘录贸易办事处

中日贸易关系中断后，1959年9月起，日本前首相石桥湛山、政界元老、自民党反主流派重要人物松村谦三和高崎达之助先后多次访华，探讨日中关系。周恩来总理常常同每个日本友人进行多次、每次四五小时的长谈，包括陪同松村参观密云水库，在火车上同松村促膝谈心。

1962年11月，前产业通商大臣高崎达之助率日本政治家、企业家42人访华，落实松村谦三同周恩来总理达成的共识，高崎和中日友协会长廖承志签署了"中日长期综合贸易备忘录"。备忘录的内容是两国政府同意的，实际上已带有半民半官的性质。经过松村和高崎等的努力，池田内阁批准了使用日本输出入银行优惠贷款，向中国出口了第一套成套设备，即30万吨的维尼龙生产设备。1964年4月，松村谦三第三次访华。4月9日中日双方就备忘录贸易互设办事处、互派常驻记者，达成了协议，中方开设了廖承志办事处驻东京联络处，日方开设了高崎事务所驻北京联络事务所。这条来之不易的半民半官的贸易渠道，为中日贸易和1972年中日邦交正常化做出了积极的贡献。

1965年8月至12月，应中国政府邀请，日本38个青年代表团共400余人分两批访华，参加首届中日青年大联欢活动，毛泽东主席、周恩来总理等亲切会见。这是中日民间友好交往史上的首次盛会。

以民促官，为中日建交做了准备

1968年后，日本已经成为仅次于美国的世界第二经济大国。日本各界人民和各政党的有识之士急迫地希望改善日中关系，发展日中贸易。1970年11月以成田知巳委员长为团长的社会党访华团与中日友协发表联合声明，阐明了恢复日中邦交正常化的四项原则。

1971年3、4月间，在日本名古屋举行第31届世界乒乓球锦标赛。周恩来总理指定王晓云同志任中国乒乓球代表团副团长赴日，借机同日本政界接触，推动中日关系发展。王晓云此行最重要的收获是中方第一次接触了后来担任田中内阁外相的大平正芳和第一次接触了日本第三大党公明党的委员长竹入义胜。不久，1971年6月，竹入义胜委员长率公明党代表团访华，同中日友协发表了联合声明，公明党提出了在台湾问题上同我国观点一致的恢复日中邦交五项主张。竹入同周恩来一见如故，后来他与周总理和邓颖超大姐结成了至交。在访华后不久的1971年9月，竹入义胜被日本右翼暴徒刺伤。

1971年8月，周恩来总理指示中日友协王国权副会长专程去日本吊唁8月21日因病逝世的中国的老朋友松村谦三，第一次接触了一贯亲台的民社党新当选的委员长春日一幸，春日一幸向王国权表示，该党已放弃"两个中国"的政策。日本财界一些头面人物也主张迅速同中国复交，随后纷纷组团访华。

1971年后，有几件事给了日本不小的冲击。8月15日，美国单方面突然宣布实行"新经济政策"，征收10%的进口附加税，迫使日元升值，削弱了日本的国际竞争力。1972年2月，美国总统尼克松访华，对日本这个盟国搞了越顶外交。这些都引起日本人民的强烈不满，要求同中国复交的呼声越来越高。

1972年6月，佐藤荣作首相被迫提前辞职。7月7日，田中角荣出任首相，组成了田中、大平、三木和中曾根四派的自民党新内阁。田中在就任后第一次记者招待会上表示：日中邦交正常化的时机已经成熟。中方马上做出呼应。周恩来总理通过两条渠道推动实现田中首相访华，一条是来华的日本社会党前委员长佐佐木更三，另一条是正率上海芭蕾舞团访日的中日友协副秘书长孙平化和驻东京的备忘录贸易办事处首席代表肖向前。7月25日田中委托竹入义胜来华沟通双方想法,经过竹入义胜和周恩来总理多次交换意见,双方对田中访华时将要签署的联合声明的内容,基本上达成共识。

1972年建交谈判体现了我策略的灵活性

1972年9月25日田中角荣首相偕大平正芳外相访华,同周恩来总理进行了四次会谈。毛泽东主席会见了田中一行。9月29日,中、日总理和外长签署了两国政府《联合声明》,两国关系实现了正常化。

为了使中国人民理解毛泽东主席的战略思想和中日邦交正常化的意义,外交部草拟了一份《内部宣传提纲》,由中央转发并口头传达到党的每一个基层支部。

田中访华前的1972年4月,春日一幸委员长率民社党代表团访华,同中日友协发表了联合声明,提出了中日复交三原则:

(一)中华人民共和国是代表中国的唯一合法政府。

(二)台湾是中华人民共和国领土不可分割的一部分。

(三)日台条约是非法的、无效的,应予以废除。从三原则可以看到,我们是把"一个中国"和台湾问题看作事关我国核心利益的问题。

在两国总理的会谈中,中方为了尽快恢复中日邦交,以便实现共同对付苏联的战略目标,体现了在策略上高度的灵活性。例如,中方同意双方发表联合声明,而不采取签订和约的形式实现邦交正常化,缔结和平友好条约留待以后再谈判;又如,中方同意联合声明不触及日美安全条约;没有讨论钓鱼岛的问题,达成"以后再说"的谅解;联合声明前言中写上日方充分理解中方提出的"复交三原则",但正文中不出现第三条原则即"日台条约是非法的、无效的,应予以废除",而由大平外相在记者招待会上宣布。周恩来总理在会谈结束时用中文写了"言必信,行必果"六个字送给田中首相，田中也用中文写了"信为万事之本"回赠。

从两国首脑会谈也可以看到双方对历史问题的分歧。田中首相在欢迎宴会致词中轻描淡写地说："过去几十年日本给中国国民添了很大麻烦"，引起了中国人民的强烈反感。周恩来总理和毛泽东主席都对"添了很大麻烦"给予了批评。后来联合声明中写上"日本方面痛感日本过去由于战争给中国人民造成的重大损害的责任，表示深刻的反省"。

1973年中日友协代表团访日掀起友好高潮

中日关系正常化后，1973年4月起，以廖承志为团长的、有代表性的、由55人组成的中日友协代表团访问了日本32天，分组访问了47个都、道、府、县中的38个。为了接待代表团，日本甚至是互相敌对的势力也联合起来，形成了两国建交后一次中日友好的高潮。代表团临行前，周恩来总理特别强调要高举中日人民世世代代友好的旗帜；广交新朋友，团结老朋友，"喝水不忘掘井人"。代表团除拜会各党各派各阶层的重要人士包括旧军人，对已经去世的许多老朋友，如松村谦三、高崎达之助、浅沼稻次郎、后藤钾二等，代表团或去扫了墓，或访问了遗属。

1978年缔结中日和平友好条约

中日恢复邦交后，两国关系取得了较快的发展，但在缔结和平友好条约的谈判上遇到了困难，主要是日方不同意写入联合声明中已有的反霸条款。1973年特别是1974年，毛泽东主席已直接向大平首相提出建立反对苏联霸权主义的"一条线"战略思想。毛泽东主席还多次劝美国改善同日本的关系，不要让日本被苏联拉过去。而日本则害怕得罪苏联，1973年发生世界"石油危机"，日本在石油问题上有求于苏联。因此，**日方一直到建交五年后的 1978 年 8 月，才同中方就《和平友好条约》达成了协议**，在北京举行了隆重的签字仪式。

条约签订后，1978 年 10 月 22 日至 29 日，邓小平副总理为出席条约批准书交换仪式对日本进行了一周的访问，受到隆重破格的接待，在日本刮起了"邓热潮"。关于钓鱼岛问题，双方约定不涉及这一问题。1984 年 10 月邓小平同志提出"把主权问题搁置起来，共同开发"。

1979 年底大平正芳首相决定向中国提供第一批日元贷款 3300 亿日元。到 2006 年 6 月，日本政府累计向中国承诺提供贷款 32078.54 亿日元（约合 300 余亿美元）。这些贷款对中、日双方都是有利的，从某种意义上说，也是日本对中国"放弃对日本国的战争赔偿要求"的回应。

1982 年开始发生篡改历史教科书问题

1979 年初中、美刚建交，3 月 26 日，美国国会通过了要向台湾出售武器的《与台湾关系法》来代替将要废除的美、台《共同防御条约》。正当中、美就美售台武器问题进行紧张谈判时，1982 年 6 月 25 日，发生了日本文部省在历史教科书问题上篡改侵华历史的事件，把"侵略华北"改为"进入华北"，把对中国的"全面侵略"改为"全面进攻"，把南京大屠杀的起因说成是"由于中国军队的激烈抵抗"。田中角荣派系的要员江崎真澄等人在 7 月 20 日去台湾访问。日本的教员工会（日教组）和一些历史学家首先带头起来反对篡改教科书。7 月 27 日，中共中央书记处书记胡乔木提出："篡改侵华历史，这是日本复活军国主义的准备；我们今后对日本重整军备不要再宣传了，更不要表示支持；不要以为日本重整军备是完全对着苏联的。"邓小平同志指示，这场斗争，一个是宣传上要展开舆论攻势，主要是打一场"笔墨官司"；外交上交涉，要求日方纠正文部省审定的课本。外交部和教育部多次同日方交涉。推迟了有些日本政要访华。邀请一批老朋友访华参加国庆。8月15日，《人民日报》发表了社论；还发表了许多文章。隆重盛大地举行了中日合拍的揭露日本军国主义的电影《一盘没有下完的棋》的首映式。9月1日，党的十二大报告中提出了日本有些势力还在美化过去侵略中国和东南亚其他国家的史实，妄图复活日本军国主义的问题。9月28日，铃木善幸首相访华时表示，关于教科书问题，日本政府将按照日中联合声明的精神诚实地进行纠正。

1983年2月18日，中曾根在众院回答质询时说，日本对中国的战争是侵略战争。这是历届日本首相中第一次公开承认对中国的"侵略"。

1984年三千日本青年参加大联欢

1983年11月，胡耀邦总书记应邀访日。中曾根首相倡议成立了日中友好二十一世纪委员会。胡耀邦总书记在日本国会和各界青年集会上发表讲话，根据"着眼于人民，着眼于未来"的精神，按照中央批准的方案，代表中国青年和人民，**邀请3000名日本青年在1984年9月至10月来中国参加中日大联欢。这次大联欢取得了很大成功。**通过这次大联欢，中、日青年都受到很大的教育。团中央编发了《宣传提纲》，并通过各种媒体和渠道对团员和青年进行了一次广泛深入的宣传教育，说明中、日睦邻友好的重要性，要求广大青年"个个都做友好工作"，要热情、谦逊、文明、友好、讲礼貌，不做任何有损国格、人格的事。通过大联欢，加深了日本青年对中国的了解和友好感情，很多青年说："要为两国世世代代友好努力"，参观了南京大屠杀现场的青年，主动举行了"日中不再战"的宣誓。很多日本青年说，"在中国就像在家里一样"。全团有91人在中国赶上过生日，东道主为他们准备了生日蛋糕。聂荣臻元帅派人把他在抗日战争中救活的日本小姑娘的女儿接到家里来共进晚餐。日本著名歌手芹洋子带着女儿亚美来参加大联欢，胡耀邦总书记送给亚美中式棉袄、奶粉、巧克力等礼物。这些看来都是小事，但是充满着情谊。

1985年10月起，应日本200多个友好团体的回请，全国青联主席率由504名各族青年组成的中国青年访日友好之船，访问了日本。代表团访问了47个都、道、府、县中的43个。日本200多个青年和友好团体、政府有关部门和各政党负责人，以及都、道、府、县的知事、议长、市长都参加了会见或活动。全日本有几百万人直接参加了接待，形成了举国一致的欢迎阵势。

日中友好又一次形成了高潮。

1985年日本首相第一次正式参拜靖国神社

1975年后，不少首相曾以私人身份参拜靖国神社。1985年8月14日，日本内阁官房长官藤波孝生宣布：中曾根将以"内阁总理大臣的身份"参拜靖国神社。他说，关于正式参拜靖国神社，有是否违反"宪法中所谓政教分离原则规定"和"有一部分人的意见认为，有与战前的国家神道及军国主义的复活相结合之虑"，因此日本政府于1980年11月17日表明，采取"慎重的立场，而把暂缓进行（正式参拜）作为一贯的方针"。藤波孝生说：这次1985年进行了慎重的讨论，做出了判断，认为进行正式参拜"不属于宪法禁止的宗教活动"，因此"在一定限度内改变了政府向来的统一见解"。同年8月15日，中曾根首相首次以公职身份参拜了靖国神社，参拜时省去了按照神道参拜的仪式，事后发表谈话时说："绝对不存在恢复军国主义、超国家主义及倒退到战前那种国家神道的问题。"中曾根的参拜引起了日本在野党及一些群众团体和报纸的反对。

1985年8月21日，新华社发表评论，指出"日本政府成员正式参拜靖国神社，迎合和助长了日本国内妄图否定侵略战争性质，为日本军国主义翻案的一股思潮"。1985年10月10日，日本外务大臣安倍晋太郎（安倍晋三的父亲）访华时说，日本决不会重走军国主义的道路；1985年11月他又在日本众议院表示，"把甲级战犯作为正式参拜的对象有问题。"

在日本内外的反对下，中曾根首相后来没有再参拜靖国神社。

1989年政治风波后日本带头放松制裁

1989年北京发生了春夏之交的政治风波。在这场风波中陷入很深的美国带头并施压其他西方国家对我国进行制裁，中止了高级官员的互访，冻结了世界银行、亚洲银行和日本第三批日元贷款，实行对中国军火禁运。美国提出要取消中国的最惠国待遇。当时我们的处境非常困难。打破美国等西方国家的制裁，打破孤立，是我国面临的紧迫任务。带头放松对中国制裁的是日本。1989年9月，曾经担任过外相、代理首相的日中友好议员联盟会长伊东正义，不顾国内外有人反对，率团访华。他回国后到处介绍：邓小平说，中国的改革开放政策和对日友好政策决不会改变。当时日本"泡沫经济"已暴露，日美之间的经济摩擦也突显。1990年6月底，日本自民党邀请中国共产党派代表团访日。海部俊树首相在会见代表团时说，他7月10日出席七国首脑会议时将积极主张"不应孤立中国"的立场，随后他在七国首脑会议时宣布了将恢复对华第三批日元贷款（8100亿日元）。

1991年8月海部俊树首相应邀访华，他成为北京1989年政治风波后第一位访华的经济发达国家政府首脑；1992年4月，日本又是第一个邀请江泽民总书记去访问的经济发达国家。应杨尚昆主席邀请，明仁天皇偕皇后于1992年10月访华，他成为有史以来踏上中国国土的第一位日本天皇。日中友好又一次出现了高潮。

20世纪90年代日本政治力量出现重组

二十世纪九十年代，日本经济出现了持续十年的低迷，政局也发生了重大变动。自民党和最大的在野党社会党都发生了分化和重组。先后出现了日本新党、先驱新党、新生党、新进党、自由党、保守党等一些政党。自民党一度下野。1994年6月至1996年1月，社会党与自民党、先驱新党联手组成联合政府，**社会党委员长村山富市出任首相，他在1995年5月访华期间，参观了卢沟桥抗日战争纪念馆，发表了对日本侵略行为表示深刻反省的著名谈话。**

一贯主张日中友好、坚持日本走和平发展道路的社会党为参加联合政府，政治上也付出了代价。社会党改变了其传统政策，1996年改名为社会民主党，2005年它在众议院的议席减为6席，参议院5席（1984年分别为113席和43席）。民社党于1994年12月宣布解散，党员集体加入新进党。1998年4月成立的提倡"中道路线"的和平主义的民主党，到了二十一世纪成为日本第二大党。2002年12月成立了保守新党。中共及时地同新成立的政党建立了联系。1998年6月，中共同1966年后中断了关系的日共实现了关系正常化。

上世纪八十年代末，日本右的民族主义思潮发展

二战后，日本一直存在否认军国主义对外侵略历史的右倾保守思潮。二十世纪八十年代末出现过极右的民族主义思潮，代表性人物是自民党"鹰派"国会议员石原慎太郎。石原和日本财界首脑人物、索尼公司董事长盛田昭夫以两人谈话的形式出版了《敢说"不"的日本》、《日本就是敢说"不"》等几本文集，在

日本发行上百万册，引起了美国的震惊。文集不仅宣扬日本民族的"优越论"，提出要抛弃二战后形成的"小国意识"，要修改日本现行和平宪法，为日本军国主义侵华、南京大屠杀开脱罪责。文集重点是讲日本拥有的高科技特别是武器方面必需的半导体技术已经超过美国、苏联和西欧，日本不应该对美国惟命是从，要敢于对美国说"不"。

1996年7月，日本右翼团体成员连续四次登上钓鱼岛。1997年9月，日、美批准新的防卫合作指针报告，引进"周边事态"的新概念，把中国大陆和台湾纳入日美安全条约的范围。媒体不断散布形形色色的"中国威胁论"。

1998年11月，江泽民主席对日本进行了国事访问，同小渊惠三首相进行了会谈，发表了《中日联合宣言》。访日期间，江泽民强调，日本军国主义是中日两国人民的共同敌人；要"以史为鉴，面向未来"，正确对待历史是巩固两国关系的政治基础。《宣言》写道："日方表示，遵守1972年的中日联合声明和1995年8月15日内阁总理大臣（注：指村山富市）的谈话，痛感由于过去对中国的侵略给中国人民带来巨大灾难和损害的责任，对此表示深刻反省"；"日方继续遵守日本在中日联合声明中表明的关于台湾问题的立场，重申中国只有一个"。这是两国联合发表的第三个正式文件。

日中之间没有像以前那样出现友好高潮。

小泉纯一郎上台日、中政治关系跌到了谷底

2001年4月，小泉纯一郎以绝对多数票出任自民党总裁和内阁总理。小泉上台后，以"对外坚决维护民族利益，对内断然推进无禁区改革"的强人政治形象，独特的政治运营手法以及执政表现，提高了他在自民党内的地位和国民的支持率。日本社会的右倾化和民族主义思潮进一步上升。

小泉纯一郎任首相期间，日、中经贸关系继续快速发展，到2003年为止，日本连续11年成为中国最大贸易伙伴，日本对华投资也不断增加。日本连续五六年经济复苏，同日、中经贸关系迅速发展也不无关系。

小泉上台后，对外进一步强化日、美军事同盟。"9·11事件"后，日本政府全力支持美国的反恐行动，并通过或修正有关法律，允许对美军提供后勤支援。要修改1947年和平宪法和放弃"无核三原则"的声音不断出现。小泉政府大力开展"金元外交"竞选联合国安理会常任理事国席位，这个企图由于小泉顽固坚持参拜供奉有二战甲级战犯的靖国神社，理所当然地受到了反对。

2001年4月，日本文部科学省又宣布通过右翼炮制的历史教科书。2001年4月和2004年12月，日本政府为台湾李登辉赴日活动发放了签证。在钓鱼岛和东海油气资源开发问题上不断制造事端，出现紧张气氛。最伤害中国人民感情的是，小泉纯一郎从2001年8月起强硬地不顾中国、韩国、朝鲜及东南亚国家的坚决反对，甚至不顾历任日本首相的劝告，连续六年参拜了靖国神社。**中日高层互访中断了五年，两国政治关系跌入低谷**，日本在亚洲陷入孤立境地。

另一方面，**两国国民对对方的好感也急剧下降**。根据日本"关于外交关系的舆论调查"显示，上世纪80年代前半期，日本国民对中国怀有近亲感的人超过了70%，1995年秋天降到了48.4%，2005年后，对中国没有近亲感的达到了63.4%。

2006年9月，小泉纯一郎下台，安倍晋三接任首相后，决心卸下小泉纯一郎留下的沉重外交包袱，表示愿意访华。中、日双方就克服影响两国关系的政治障碍和促进两国友好合作关系的健康发展达成一致。应温家宝总理邀请，安倍晋三首相于2006年10月8日至9日访华，双方发表了联合新闻公报，为中日关系转圜打开了"希望之窗"。

中日关系六十年（1945—2006）的一些大事

对日工作有没有经验可以总结

本文作者不是日本问题专家，以上的看法和有些具体事实可能有错误。对日工作有没有经验可以总结？以下试做一些探讨。

（一）争取两国长期和平友好合作，争取实现中日人民世代友好的一条重要经验是以民促官，以官促民，官民并举。"民"不仅仅是各界人民，也包括在野党、包括过去当过"官"的民。几十年来，日本涌现出一批又一批的友好人士。在日、中关系出现麻烦时，他们从日本的根本利益出发，充分理解日中关系的重要性，从而挺身而出，排除困难，起到了特殊重要的作用。对"官"方，创造良好的条件，**保持各个层面特别是高层的接触和政治对话的畅通，有利于彼此的了解和友谊，有利于构建基于共同战略利益的互惠关系**，对两国关系的发展在某种意义上有决定性的作用。

（二）加强中、日青年一代的交流，大力培养中、日友好事业的接班人，对实现两国人民世代友好有特殊的重要意义。日本青年受美国文化的影响，不像老一辈比较了解日、中两千年友好的历史，日本老一辈人亲身受过侵略战争的苦难，有的甚至有负疚感。**日、中青年交流有助于增进日本青年对中国的了解与友谊。对中国青年也有一个加强教育与正确引导的问题**。如前面所述，中央与共青团多次下发过《宣传提纲》，传达到基层，收到了良好的效果。在目前新闻很自由的情况下，各种媒体、互联网带有情绪化的报道不少。2004年和2005年中、日足球赛和群众游行又发生了不该发生的事情，加上有些到日本去的国人不注意自己的行为，也不利于日本人民对中国的亲近感。

（三）毛泽东主席和周恩来总理在各个不同时期，为了实现对外工作的战略目标，在策略上有很大的灵活性。周恩来总理同日本朋友讨论问题，既坚持原则，又使人感到合情合理，感到体谅、照顾人家困难，有说服力；还注意"着眼于人民"，讲话分别不同对象和场合，尽量使日本人民群众能接受或理解。

2006年9月，小泉纯一郎下台后，中央从中、日友好的战略出发，抓住出现的转圜动向，审时度势，敏锐、**灵活地把握时机，做出了邀请安倍晋三首相访华的重要决策，打破了中日关系的僵局**，受到了中、日两国人民的欢迎和支持。

（四）中、日关系的发展不会是一帆风顺的。日本总有一些人不愿看到中国的发展，总想倚靠美国遏制中国，散布形形色色的"中国威胁论"，支持"台独"势力。但是**对于所谓鹰派分子、台湾帮等日本政界人士，我们也要视情况接触和来往**。经验证明，他们为了自身的利益和日本的利益，或迫于国内、外的压力，有的人也是会不同程度改变原来立场的。即使像佐藤荣作这样亲美反华的人，正是在他任首相期间提出了"无核三原则"，实现了美国把冲绳复归日本；1971年8月曾竭力想同中国接触。**对民族主义思潮我们要做具体分析**。二十世纪六十年代，我们曾大力支持过日本人民爱国反美、争取独立的正义斗争。

（五）**有一支相对固定的对日工作的队伍**。周恩来总理直接领导对日工作二十多年。他花费了极大的精力，用很多的时间，同数不清的访华的日本各界人士长谈，既尽量了解了日本的国情，又做了深入、细致的工作，日本友人都同周恩来总理结下了很深的友谊。在他领导下，有廖承志会长、张香山副会长两位三十多年从事日本工作的主要助手，和一大批长期从事对日工作的得力干部。他们都精通日语，扎实研究日本，比较透彻理解日本的古往今来，深交了日本各界许多友人。

（原载《炎黄春秋》2007年第2期）

回忆同吴学谦在一起的时光

吴学谦同志2008年4月4日离开我们走了。我有幸在60余年中有几个阶段受他领导或有接触并受到他的教育。我们一直称呼他为"老吴"。以下讲几件印象深刻的事。

1947年11月我在上海地下学联党组工作时,有一段时间老吴直接来领导党组的工作。在记忆中有两件事好像就发生在眼前:

(一)学联党组开会是在上海贝勒路我家里。我家前门弄堂封闭,只走后门弄堂。老吴每次来,我就搬个板凳坐在后门口,擦自行车。他不需要进弄堂,在马路上就能清楚地看到表示安全的"暗号",可以放心地进来。

(二)1947年底,老吴直接领导学联党组时,正是国民党政府加紧白色恐怖的时候。老吴向我们传达并组织学习了毛泽东主席关于"中国人民的革命战争,现在已经达到了一个转折点"的报告,极大地鼓舞了我们的信心。他同时强调指出,在国民党统治区仍将是敌强我弱的形势,必须继续采取"长期积蓄力量"的方针,给我留下很深的印象。

奠定了新中国青年外事工作的基础

1949年6月,上海刚解放,老吴就被团中央调去参加布达佩斯第二届世界青年联欢节并任驻世界民主青年联盟代表,以后又任团中央国际联络部副部长、部长直至1958年10月。在当时只有20多个国家同我国有外交关系的情况下,民间交往成为国家对外工作的一个重要组成部分。老吴根据青年的特点，很重视每两年一次的有100多个国家两三万青年参加的世界青年联欢节，每次都派出几百人到1200多人去参加，广交朋友，参加文艺演出和竞赛，参加体育运动会比赛。事情已经过去五六十年了，我们现在仍能在电视或广播中听到关于歌唱家郭兰英、舞蹈家陈爱莲等人是"联欢节获奖者"的报导。在当时我国对外交往很少、不能参加奥运会的情况下，青年外事工作不仅配合了政府外交，而且超越了青年工作的范畴，对整个国家的文艺、体育事业及其对外交流，起到了重要作用。老吴和区棠亮同志为青年外事工作的开创和发展，奠定了很好的基础，培养了新中国第一批青年外事工作队伍。

　　我印象很深刻的是，1955年11月21日至1956年2月9日随同老吴应邀对比利时和法国进行了长达两个多月的访问。两国同中国都没有建交，但邀请我们的东道主有官方的背景和天主教的色彩。老吴精心组织了20人的代表团，既有青年团和学联的代表，又有民主党派成员、青年资本家和两位天主教青年的代表；有学习欧洲古典歌曲的学生、民歌表演艺术家任桂珍、笛子演奏家陆春龄、学钢琴的学生、杂技演员和舞蹈演员各两位。老吴要求代表团每一个成员都能同外国朋友进行对口交谈，文艺工作者可以即席表演甚至作一个多钟头的专场演出，以增进友好气氛、介绍中国文化。

　　代表团在没有大使馆可以依靠的比利时和法国访问了两个多月，老吴独立地处理了访问中遇到的很多复杂的问题。代表团接触了很多人，受到两国政府和各界人士的热情欢迎和接待。当时的比利时王后伊利莎白、外交大臣斯巴克、下议院议长赫斯曼和法国看守内阁总理赛尔、外交部长比内、激进党第一副主席孟戴斯·弗朗斯等国际著名人士都会见了代表团一行，并表示了希望承认中华人民共和国的愿望。

　　在这次访问中，老吴言传身教，他同外国朋友交往那种政治敏锐、友好坦诚、求同存异、很少套话、很少共产党专用词汇、不卑不亢的风格和气质，使我们学到很多东西。

对加强中国同非洲国家、政党友好的贡献

1958年10月，老吴离开团中央，到中共中央对外联络部，负责西亚、非洲方面的工作，并多次以"中国人民保卫世界和平大会"、"亚非团结委员会"名义出国访问，做了很多支持亚、非人民斗争的工作。文化大革命中，他受到了迫害，1968年4月到1970年11月被送到秦城监狱。老吴全家都受到了磨难。

我在文化大革命中获得"解放"后，1972年初被调到中联部参加恢复团中央对外联络的工作，因此，有机会经常到机关宿舍看望老吴夫妇，我们的主要话题就是对林彪、"四人帮"倒行逆施和对"文化大革命"的看法。老吴从不谈论他被批斗、迫害的情况，只是担心"四人帮"一旦完全夺权后党和国家的命运。

加强同非洲等发展中国家的友好关系是我们对外政策的基础，我们一贯从政治上、经济上、军事上支持非洲人民的民族独立斗争，1963年底周恩来总理访问非洲十国，形成了中非友好的一次高潮。文化大革命期间，有些国家的民族解放组织希望同中国共产党建立党的来往，甚至希望我们能帮助他们建党，我们都以中共只能同马列主义政党建立党际关系拒绝了。当时我们强调"一条线"的外交战略，对非洲国家的关系好坏采取以其同苏联关系的好坏来划线，疏远了一些同苏联关系好而反对美帝国主义的朋友。有些非洲朋友如塞内加尔总统桑戈尔对中国记者在"文化大革命"期间到他们总统府散发"小红书"（毛主席语录）等"极左"的做法很反感，表示不能理解；有的非洲国家对我们粉碎"四人帮"以及拨乱反正的政策不理解，担心中国放弃走社会主义道路；有的国家则受苏联影响较多。但是绝大多数非洲国家都愿意同中国友好往来，因此需要同他们接触，积极做解释中国的内、外政策和团结、争取的工作。

1978年老吴担任中联部副部长,在一年中,以中共中央对外联络部名义邀请、接待了8个非洲国家的民族主义执政党代表团访华。虽然当时的对外战略仍是"扩大反霸统一战线",但是老吴突破了"以苏划线"的框框,经中央批准,率党的工作者代表团从1979年12月4日至1980年2月11日,马不停蹄地访问了10个非洲国家。中央同意代表团的出访方针:

(一)关于反霸问题,根据不同对象"相机"、"灵活"地宣传我们的立场,有的"只提反对外来势力对非洲的干涉"。这就有利于团结尽可能多的朋友。

(二)不主动要求各国领导人会见代表团。但是访问结果,除了有135个部长、总书记、副总统和总理会见外,10个国家中有8个国家的总统会见了代表团一行。他们都是很著名的非洲民族解放运动第一代领导人,如索马里总统西亚德、布隆迪总统巴加扎、扎伊尔总统蒙博托、多哥总统埃亚德马、贝宁总统克雷库、塞拉利昂总统斯蒂文斯、几内亚总统杜尔、塞内加尔总统桑戈尔。这次访问获得了巨大成功,有力地推动了中国同非洲国家的友好关系,发展了中共同非洲民族主义执政党的党际关系,迎来了八十年代中非友好的高潮。

老吴在对外交往中,强调广交和深交外国朋友,重视做人的工作,在我国同非洲纳米比亚建交的问题上显示了它的重要性。1990年3月21日,纳米比亚独立,敲响了殖民主义在非洲的丧钟。中央决定派吴学谦副总理作为特使参加纳米比亚的独立庆典和努乔马总统就职典礼,同时同纳米比亚签署两国建交公报。纳米比亚独立前,中联部曾给纳米比亚很大的道义和物质支持,努乔马曾八次访问中国。吴学谦国务委员兼外长曾在1986年参加了纳米比亚问题第14届特别联合国大会,在会上重申了支持纳米比亚和南部非洲人民的正义斗争。

老吴这次出访纳米比亚,随行人员中除外交部部长助理李道豫外,还把我和曾多次全程陪同努乔马在中国访问的中联部局长许庆善带上了。

当时，我国外交部已在纳米比亚派驻了一个代表处，同纳方联络。老吴一行抵达纳米比亚后等了两、三天，纳方一直没有签署两国建交公报的安排。在老吴即将离开纳米比亚去另一非洲国家访问的当天上午，大家都很着急。听说努乔马总统正在飞机场迎送外国客人，老吴马上决定让中联部的许庆善局长到飞机场去找总统。许庆善局长到了机场后挤在迎送人群中，终于找到了总统，他大喊一声"努乔马同志！"，努乔马总统认出是许庆善局长，马上跑过来热烈拥抱，并当场决定下午四时，吴学谦副总理离境前在机场签署建交联合公报。一个需要通过纳外交部安排的问题就这样简单地解决了。2008年8月努乔马总统还来北京观看了奥运会开幕式。

贯彻中央调整对外战略的努力

1982年4月，中央调老吴去外交部任第一副部长、党组书记，同年11月任外交部长，1983年6月任国务委员兼外交部长。他任外长正当我党开始外交战略的重大调整。1982年9月1日，中共十二大报告第五部分以"坚持独立自主的对外政策"为题，强调"中国决不依附于任何大国或者国家集团，决不屈服于任何大国的压力"。独立自主的实质，就是不同任何大国结盟，也就是要改变"一条线"的政策。十二大报告还提出："革命决不能输出，它只是各国人民选择的结果。正是基于这样的认识，我们始终坚持和平共处五项原则。"重提"和平共处五项原则"，就是要改变支持东南亚国家人民武装斗争的政策，以改善、加强友好睦邻关系。

邓小平同志1985年6月说：粉碎"四人帮"后我们实现了两个重要转变。第一个转变是改变了战争不可避免而且迫在眉睫的观点，第二个转变是改变了"一条线"的战略，我们奉行独立自主的外交政策。

对外战略的调整是一个十分复杂、微妙的难题。1983年我曾听老吴说，这一段时间是他从事外事工作以来最艰难的时候。他做出了很大努力。他为中、英解决香港问题、发展中、欧，中、日，中、美关系和加强中国同亚、非、拉国家的友好关系做了许多工作。外交部曾多次建议中国同苏联外交部长互访，但是一直到1988年4月老吴离开外交部，由钱其琛副部长接任部长时都没有能实现。1989年5月中苏两国、两党关系正常化时，东欧、苏联已开始剧变、解体。

坚持"五湖四海"、任人唯贤的干部政策

1982年老吴是单枪匹马，不带秘书和任何助手离开中联部转到外交部工作的。这是他一贯的作风，主张干部政策要"五湖四海"，任人唯贤。1959年批判张闻天副部长的反右倾运动及其它政治运动留下了不少问题。文化大革命期间，外交部是重灾区之一：造反派想夺中央的外交大权，"王（力）八·七"事件；批判周总理；乔冠华1976年不再任外交部长等等。1983年2月，老吴在一次会议上说：外交部内部改革，中心问题是思想上拨乱反正。不拨乱反正，不搞"五湖四海"，派性就消除不了；要实现干部年轻化，一大批被耽误了的老干部要适当安排，还有历次政治运动遗留的问题也要解决。老吴为干部的团结、调动一切积极因素付出了很多精力。

学习老吴的高尚品德和优良作风

1997年起，老吴的身体开始变坏。我、谭雅修和钱李仁、郑韵经常去他家看望他。王子成、鲍奕珊有时也一起去，并讨论了参加将于上海举行的纪念"五·二〇"50周年活动事，包括老吴的讲话稿。

老吴离开我们走了。他为党、为人民、为人类进步事业无私地奉献了一生，他的革命精神、崇高品德和优良作风将永存。同他接触过的人很少不赞扬他，他为人突出的特点是：待人宽容厚道，严于律己；对同志坦诚交心，平易近人，作风民主；一生光明磊落，一身正气。在解放前，直接间接地培养了一大批投入革命、建设新中国的知识青年。解放后，他培养了一茬又一茬外事工作干部。他将永远活在人们的心中。

（原载《吴学谦纪念文集》2008年出版）

从三个联合公报看美台军售

进入 2010 年，美国公然宣布向台湾出售 64 亿美元先进的武器装备，激起了中国人民的强烈反对。这一行径严重违反了中美三个联合公报（1972 年 2 月 28 日发表的《上海公报》，1979 年 12 月 16 日宣布的《中美建交公报》、1982 年 8 月 17 日发表的《八一七公报》）特别是《八一七公报》原则，粗暴地干涉了中国内政，损害了中国的国家安全和统一大业，干扰了两岸的和平发展进程。

尼克松访华与"中美联合公报"

新中国建立后，我国对外政策是联合苏联等社会主义国家，反对美帝国主义，反对美国占领台湾。上世纪六十年代，随着中共与苏共的大论战，两党关系破裂，两国关系到 1969 年 3 月珍宝岛武装冲突事件后到了战争的边缘。毛泽东主席开始调整中苏、中美关系，改变对美、对苏两面出击的战略。而美国面临着苏联的军事力量已经赶上美国，急于摆脱对越南的战争，也想改善同中国的关系以对付苏联。

1969 年 12 月，我国恢复同美国的大使级会谈。1970 年 10 月和 11 月，尼克松总统通过巴基斯坦和罗马尼亚领导人向中国传达改善美、中关系的信息。1971 年 7 月，尼克松总统派安全事务助理基辛格秘密访华，双方达成协议，尼克松总统将应周恩来总理邀请访华。

当时中美之间已经历了 22 年相互敌对和隔绝；美国占领台湾多年；1971 年 10 月联合国大会恢复中华人民共和国合法席位时，美国仍在搞"两个中国"。因此双方有很多问题需要沟通、互相摸底。基辛格和黑格先后来中国做政治准备工作。

美国总统尼克松于 1972 年 2 月 21 日至 28 日访华。毛泽东主席首先会见尼克松总统，谈了"哲学"问题，指出：现在中美两国不存在打仗问题，赞扬尼克松访华，幽默地说"你当选总统，我是投了一票的"。周恩来总理同尼克松总统就国际问题和中美关系问题作了长时间实质性谈判。

中美关系要正常化，最重要的问题是美国要承认只有"一个中国"，中华人民共和国是中国唯一合法政府。但是尼克松说，他希望在处理这一问题上给他一些余地和时间，公报措词不要被指责说尼克松访华出卖了台湾。公报草案关于这一问题的措词由北京谈到杭州，最后按基辛格的建议达成协议，即"美国方面声明：美国认识到在台湾海峡两边的所有中国人都认为只有一个中国，台湾是中国的一部分。美国政府对这一立场不提出异议。"公报还写上中国方面希望的"反霸条款"，即双方声明："……任何一方都不应在亚洲——太平洋地区谋求霸权，每一方都反对任何其他国家或国家集团建立这种霸权的努力。"

《上海公报》是一个很有特点的文件，是三个公报中最长的一个。由于中美对外政策分歧很大，各自又有国际朋友或盟友要照顾，《上海公报》强调了"中美两国的社会制度和对外政策有着本质的区别"，各用 500 多汉字写上"中国方面声明"和"美国方面声明"，表明了各自的立场和态度。"中国方面声明"一开始就说"哪里有压迫，哪里就有反抗。国家要独立，民族要解放，人民要革命，已经成为不可抗拒的历史潮流……"，这反映了文化大革命期间的革命外交路线。

《上海公报》又指出："双方同意"实行尊重各国主权和领土完整、不侵略别国等五项原则处理国与国之间关系。"中美两国关系走向正常化是符合所有国家的利益的"。双方同意扩大两国人民之间的了解，同意为逐步发展两国间的贸易提供便利，同意将通过不同渠道保持接触等等。

从尼克松访华到中美建交长达七年

从1972年尼克松总统访华到1979年1月1日中美建交，经历了长达7年的时间。这里面有中美双方内部困难的因素：中国文化大革命不断地批林、批孔、批周、批邓，周恩来总理和毛泽东主席病重、先后去世；美国1974年8月，尼克松总统因"水门事件"辞职，1976年美国忙于国内总统大选。

中、美关系正常化进展滞缓的主要原因是：美国外交重点是同苏联谈判限制战略核武器等裁军谈判，并调整与其同盟国的关系。中国方面则把"联美整苏"作为重点。1973年11月，毛泽东主席对基辛格说：只要你们跟台湾断绝外交关系，我们两国就可能解决外交关系问题，时间由你们定，我们不催。1975年12月，邓小平副总理对福特总统说：我们多次说过，我们有耐心；在我们两国关系中，我们一直是把"国际问题"摆在第一位，台湾问题是第二位。

所谓"国际问题"，就是中、美联合对付苏联霸权主义问题。1973年2月，毛泽东主席同基辛格说：要搞一条线的战略。1974年2月，毛泽东主席同赞比亚总统卡翁达谈"三个世界划分"的战略思想。

毛泽东主席在1975年10月曾批驳基辛格说的"美国无求于中国，中国也无求于美国"，毛泽东主席说："美国就是踏着我们的肩膀跑莫斯科，现在这个肩膀没有用了。"这是指尼克松总统1972年2月访华后，5月就访问苏联，同苏联达成了"限制反弹道导弹系统条约"，1973年6月，苏共总书记勃列日涅夫访问美国，苏美达成了"防止核战争协定"。

1979年1月1日《中美建交联合公报》

1976年美国总统大选，共和党失败，1977年1月，民主党的卡特就任总统。1977年11月，《人民日报》发表了六整版、大字的关于"三个世界"划分理论的大文章。我国开始大力推进中、美建交和建立反对苏联霸权主义的统一战线。

1977年8月，邓小平副总理会见美国国务卿万斯，在谈到反对霸权主义问题时，着重批评了美国对苏联的"缓靖主义"和"孤立主义"；提出了中、美关系正常化的三原则：

（一）美国废除美、台共同防御条约；

（二）美从台湾撤出所有美军和军事设施；

（三）美同台湾断交。

1978年5月卡特总统派安全事务助理布热津斯基访华，他说，卡特总统要他告诉中方：美国已下了决心同中国实现关系正常化，愿意接受中国提出的建交三原则。邓小平副总理指出：要中国承诺只能用和平方式解决台湾问题不行，这是中国的内政。在此问题上，双方可以各讲各的，相互都没有约束力。

1978年7月起，黄华外长同美国驻华联络处主任伍德科克就两国关系正常化进行了六次谈判。

同年10月30日，布热津斯基告中国驻美国联络处主任柴泽民：按照美国国内的政治现实，中美关系要取得决定性进展，不能错过当年12月前后，因为明年初国会开会，将先辩论美、苏核条约等问题，中、美关系将被推迟到1979年秋后。邓小平副总理认为：看来美方想加快正常化，我们也要抓住这个时机，同美国关系正常化要加快，从经济意义上说也要加快。邓小平副总理做出这个决断时，我们正准备采取一个重大的实际行动来扩大反对霸权主义的统一战线。

1978年12月13日，邓小平副总理会见伍德科克，表示基本同意美方提出的关于建交的《联合公报》新草案，但《公报》应重申反霸条款，并表示他本人拟于1979年1月访问美国。他还指出，鉴于美方需要建交一年后才废除（美方称"终止"）美台共同防御条约，美国政府在这一年期间不要卖武器给台湾。12月15日，也就是在预定宣布建交公报的前一天，伍德科克奉命会见邓小平副总理，要求澄清售台武器停止一年后，美国仍可以出售，并说卡特总统在回答提问时将公开说出。邓小平副总理表示不同意，严正表明了反对美国售台武器的立场。最后双方同意把美国售台武器问题搁到以后再讨论，不影响12月16日如期发表建交公报。12月16日，中方在宣布建交公报时，由华国锋总理在记者招待会上声明：美方在谈判中曾提到，正常化后美方将继续有限度地向台湾出售防御性的武器，对此我们是坚决不能同意的。因为这不符合两国关系正常化的原则。《中美建交公报》很短，只有400多汉字，宣布1月1日建交，3月1日互派大使；并强调了五点包括反霸条款和美国承认一个中国，台湾是中国的一部分。1979年1月28日至2月5日，邓小平副总理应邀对美国进行正式访问，受到了美国政府和人民的热烈欢迎和高规格接待。

美国通过《与台湾关系法》

中美刚建交、邓小平副总理刚访美，1979年3月美国国会两院就分别通过了《与台湾关系法》，4月10日卡特总统签署了该法案，并使这个国内法凌驾于美、中之间的国际协议之上。《与台湾关系法》共18节。法案规定："任何以非和平方式包括抵制或禁运来解决台湾前途的努力"是"美国严重关切的事"。美国要"保持抵御任何会危及台湾人民的安全或社会、经济制度的诉诸武力的行为或其他强制形式的能力"。"美国将向台湾提供使其能保持足够自卫能力所需数量的防御武器和防御服务"。《与台湾关系法》实际上重新恢复了美、台《共同防御条约》。

1979年4月19日，邓小平副总理向美国参议院外交委员会访华团严正指出：中国对美国国会通过的《与台湾关系法》是不满意的，这个法案最本质的一个问题，就是实际上不承认只有一个中国；法案的许多条款表示要保护台湾，说这是美国的利益，还说要卖军火给台湾，一旦有事，美国还要干预。同年4月28日，中国政府向美国政府递交了抗议照会，着重指出：《与台湾关系法》干涉中国内政，是严重违反中、美建交协议的行动。

1982年《八一七公报》

1980年是美国大选年，共和党总统候选人里根表示，保证将忠实地履行《与台湾关系法》。里根当选总统后，1981年1月邀请了台湾国民党主要成员之一的蒋彦士参加总统就职典礼，经过交涉后美方没有让蒋彦士露面。美国还准备向台湾出售新式军用飞机。1981年6月，邓小平副总理指示，要同美国进行一场售台武器的斗争，关键是出售武器的性能不超过卡特总统时期的水平，只要性能控制住，卖得再多也没用；其次是要逐步减少，直到停止出售。从6月开始，两国外交部门进行了长达一年零两个月的紧张谈判。

1982年9月1日，就要召开中国共产党第十二次全国代表大会了。邓小平副总理认为美国已在相当程度上满足了我们的要求，把这桩公案告一段落，现在是比较好的时机。8月15日双方就《中华人民共和国和美利坚合众国联合公报》达成协议，17日公布，简称《八一七公报》。公报说："美国政府声明，它不寻求执行一项长期向台湾出售武器的政策，它向台湾出售的武器在性能和数量上将不超过中美建交后近几年供应的水平，它准备逐步减少它对台湾的武器出售，并经过一段时间导致最后的解决。在做这样的声明时，美国承认中国关于彻底解决这一问题的一贯立场。"

同年 8 月 17 日上午，邓小平副总理会见美国恒安石大使，指出：在《公报》中美方承诺逐步减少售台武器，当然不能一年只减少一美元。《公报》说"经过一段时间导致最后的解决"，我们理解所谓的"一段时间"应是有限的，不应该推向遥远的未来。关于"最后的解决"，只能是停售。《公报》提到中国"争取和平解决台湾问题"，这不是对任何人的一种承诺，不能曲解为是美国停止售台武器的前提。

《八一七公报》是双方的妥协产物，使我们有了一个同美国进行斗争的依据。但是美国是不准备实行这个公报的。以后有消息透露，《八一七公报》发表前，里根总统曾向台湾做出六点保证：

（一）不设定终止对台湾军售的日程表；

（二）任何时候对台湾军售不事先与北京磋商；

（三）不在北京和台湾之间扮演任何调解角色；

（四）不变更《与台湾关系法》中对台湾的承诺；

（五）不改变对台湾主权的立场；

（六）不施加压力迫使台北与北京谈判。

《八一七公报》发表后，中美政治、经济关系有过重要的发展。但是美国违反《八一七公报》的规定。1984 年美国售台武器达 7.07 亿美元（1979 年为 5.87 亿美元）。80 年代中期，美国以转让技术的方式提高台湾武器性能。特别是 1989 年 6 月起，美国一方面要欧盟一起对中国停止军售，另一方面 1992 年 9 月（共和党）布什政府决定卖给台湾 150 架 F－16 战斗机，总金额 58 亿美元。

原外交部部长、国务委员、国务院副总理黄华同志在 2007 年出版的《亲历与见闻》的回忆录第 14 章"中美建交和八一七公报"中，以让人思考的一段话作为结束："1982 年冬，有人写工作总结报告给中央，其中说，我国对美国工作存在路线错误。我向邓小平同志写信，不同意此点。小平同志在我的信上作了批示，大意说：对美工作，主要由我主持。如果有问题，由我负主要责任。"

从以上历史可以看到：不论是共和党执政还是民主党执政，美国政府都不遵守中、美间三个联合公报。对美国来说，台湾已不仅是新中国初期遏制中国的一艘"不沉的航空母舰"，而是以关岛为基地，从日本、韩国到台湾包围中国的链条的不可缺少的组成部分。

（原载《炎黄春秋》2010年第4期）